50歳からの私らしい暮らし方

小さく、身軽に、快適に

柿崎こうこ
KAKIZAKI KOKO

X-Knowledge

はじめに

いくつになっても今より先のことは未知、
見えないからこその不安はあります。
でも、50代を意識し始めたら、
今までとは少し違う不安を感じ、焦燥感に駆られました。

お金は大丈夫？
快適に暮らせるの？
健康は維持できるの？
仕事はどうなるの？

でも、50代になった今思うのは
「なんとしてでも、なんとかしていくだろう」
ということです。

そう思えるようになったのは40代半ばから始めた
暮らしを整える「小さな工夫」のおかげです。

40代の半ばごろ、「今まではちょっと違ってきたな」と
感じることが多くなってきました。
体力がなくなり体調を崩しやすくなったり、
仕事でも無理ができなくなりました。
肌や容姿の衰えによって自信がなくなることも。
そして、親の体調や老いも気になります。
歳を重ねて行くことへの不安な気持ちが募っていきます。
私にとって40代の最初の大きな変化は、41歳での離婚でした。
その後再婚を考えた人が現れましたが、それも解消。
そして45歳のとき、再びひとり暮らしへ。

フリーランスのイラストレーター・独身という心細い状況に
心が折れそうになりながらも、まずはこう決心しました。
「ひとりでいることを前提に、
しっかりと自分の足で立つぞ」。

この先、ずっとひとりでいるかはわかりません。
でも、体の変化を感じている中で、心まで弱っていてはまずい。
少しずつ見えてきたのは、
住まい、暮らし、お金、仕事のやり方、
自分メンテナンス、人とのつき合い方……
全てのことに依存的な気持ちでいたら、
いろいろな選択を間違えやすくなるということです。

しばらくは不安と焦燥感の日々。
決心をしたものの、
今までと同じようなやり方ではどうもうまくいきません。

では、どうしたらいいのか?
自分の中の不安や焦燥感とどう折り合いをつけて、
どこを変えて、どこを変えないのかを自問自答しました。
長い間、このもんやりした問いはいつも傍にあって、
気持ちは低空飛行でした。
でも、少しずつ
暮らしを整える「小さな工夫」を始めたのです。
今、振り返ってみるとこんなことをやってきました。

暮らしを整える「小さな工夫」あれこれ

お金の使い方にメリハリをつける

ひとり暮らし・フリーランスという不安定さを自覚して
老後も視野に入れた貯蓄を増やします。
若い頃のようにもっともっと、ではなく、
自分にとって本当に必要なことにはお金をかけ、
不要なところは抑えます。
これからは本当に大切なものと、小さく、身軽に暮らします。

今を受け入れて、工夫する

自分の状況を受け入れられず、もがいたことも。
でも、持っているもの、いないものを受け入れたら、
気持ちがラクになりました。
今までと同じやり方ではできないこともありますが、
年齢を重ねたからこそできる工夫で、
より快適にしようと思います。

自分の機嫌は自分でとる

機嫌がよい＝体と心が元気であること。
ご機嫌であれば感情を上手にコントロールできるようになります。
誰かに機嫌よくしてもらうのではなく自分で。
ストレスを減らし、心身ともに快適でいたいと思います。

苦手なことを自分でやってみる

お金や運動などの苦手なことは、今までなるべく避けてきました。
でも、思い切って自分でやってみるとできました！
小さな成功体験を積み重ねると、自信もつきます。
苦手を克服したら、人生が軽やかになりました。

人づき合いは距離感を大切に

「ひとりでいることを前提に、しっかりと自分の足で立つぞ」と
思っていますが、誰にも頼らないことではありません。
パートナーとの関係、友人関係、家族との関係はときに頼るし頼られたい。
支え助け合える、快適な関係を築きたいと思います。

Au Fromage

どれも、気づきながら先送りにしてきたことばかりです。
思い通りにならないジレンマという形で、これらに気がつかされました。
でも、見る角度をちょっと変えて
「小さな工夫」を重ねてみたら
新しい暮らしを手に入れることができました。

この数年間は、私にとって50代を迎えるにあたり
必要な「学びの期間」だったのかなと思います。
でも、50代とて通過点。
将来の不安はつきませんが、
私なりの「小さな工夫」を積み重ねて、
小さく、身軽に、快適に。
前向きに毎日を過ごしていこうと思います。

この本が、手にとってくださった皆さんの暮らしに、
少しでもお役に立てればうれしく思います。

CONTENTS

2 暮らし

3 健康とお金

4 おしゃれと美容

5 人と自分との向き合い方

STAFF
撮影 濱津和貴
デザイン アルビレオ
DTP 村上幸枝
構成 大橋史子（ペンギン企画室）
編集 別府美絹（エクスナレッジ）

・掲載されている商品の使用感やアイデアは著者の個人的なものです。
全ての場合に当てはまるわけではないので、ご了承ください。
・掲載している情報は2021年2月現在のものです。

1

住まい

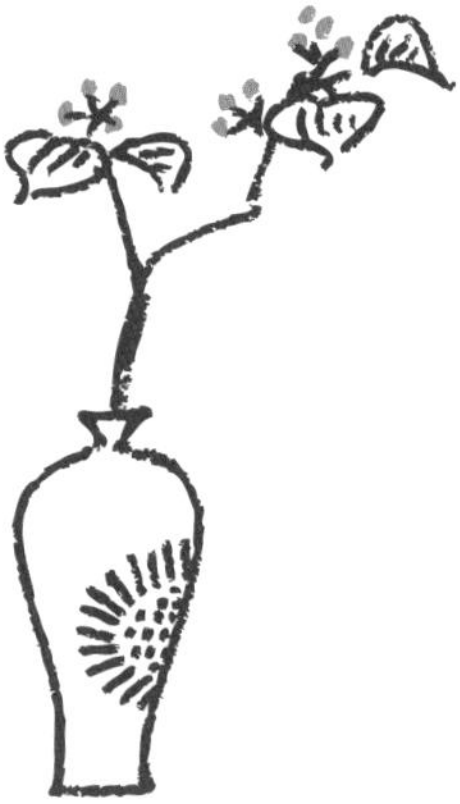

50代へ向けて「自分の棚卸し」何を変えて何を変えない？

40代になりたての頃は「50代はもうしばらく先のこと」でした。離婚を経て再婚を考え、それも解消して、再びひとり暮らしを始めたのは45歳。引っ越した都心の家では、「今までの暮らしを見直そう。これから何を変えて、何を変えない？」と自問自答する日々。徐々に、50代がリアルに感じられるようになってきました。

独身、フリーランスなので、「体と心の元気が第一」。これまで大きな病気もしないで、ずっと仕事を続けてこられたのは体と心が元気だったおかげです。私にとって家が居心地いいことは、何よりも体と心を安定させてくれ

45歳で引っ越した都心のマンションからの風景。最寄り駅から徒歩30秒の便利な場所でした。

38㎡ 1LDK、コンパクトな家でしたが、インテリアや収納を考えて心地よく暮らしていました。

ます。毎日の掃除、片づけやすい工夫、好きな家具や植物に囲まれたインテリアは元気の素。ずっと続けてきた「暮らしを整える工夫」は、これからも変えたくないことです。

一方で、今まで苦手だったのは「お金」のこと。ざっくりすぎた家計管理を改めて、60歳までの10年間、今の暮らしを楽しみながら、老後の貯蓄も増やしていきたい。お金の使い方や貯蓄を見直そうと考えたら、節約の効果が大きいのは固定費だと気がつきました。中でも金額の大きい住居費に注目。住居費を減らしたら、次にすべきことが見えてくるはず。手始めはここ。

まずは今の自分の現状を把握して、「できていること、いないこと」を考えるのが大切。自分を棚卸しすることが、50代への準備なのかと思います。

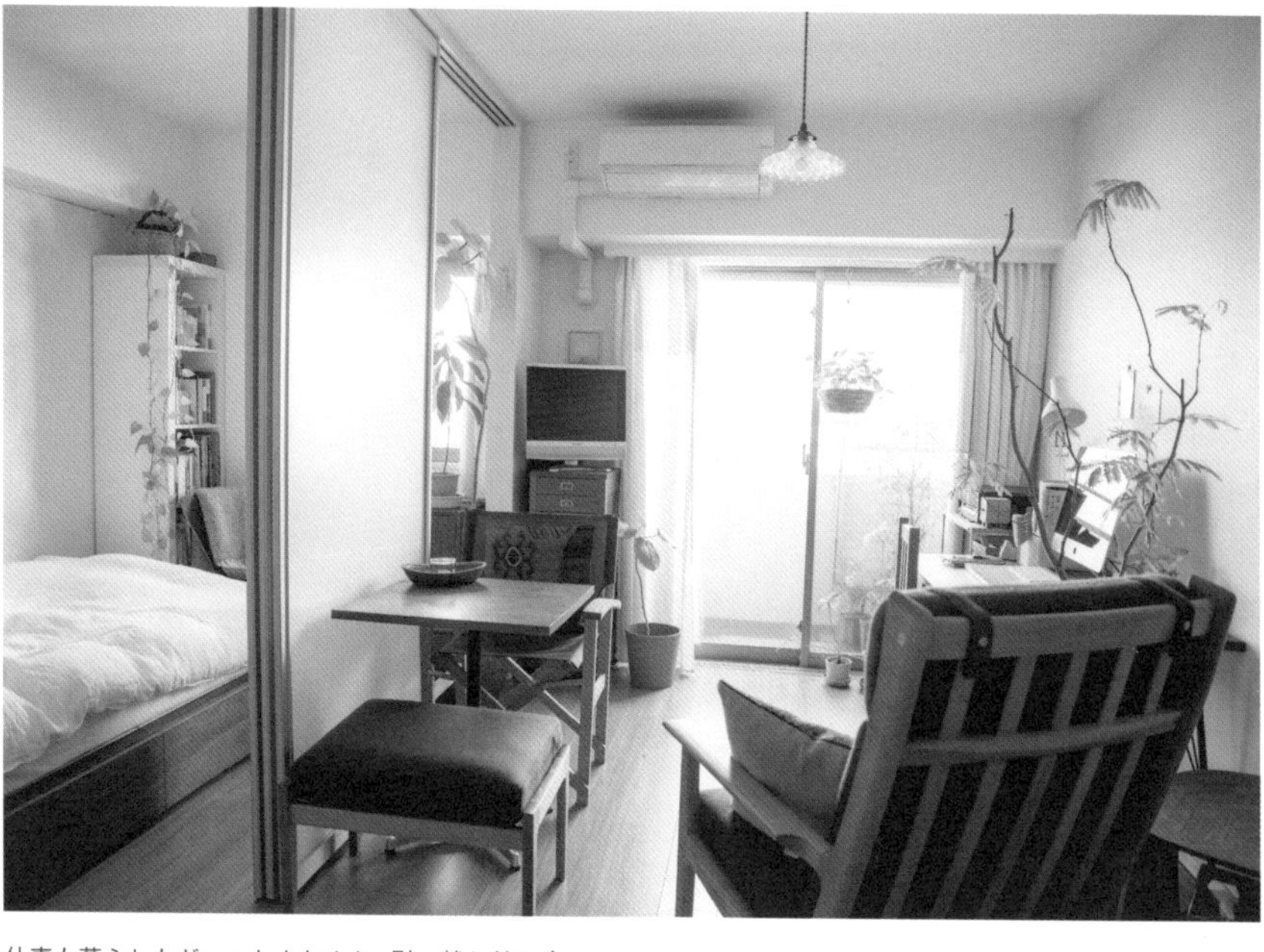

仕事も暮らしもギュッとまとめた、引っ越し前の家。
ここで、これからの自分のことを考えました。

50代からの住まいは「少し郊外」を選んで

45歳から住み始めた都心の1LDKのマンションは、最寄り駅から徒歩30秒、築浅できれい、ゴミは24時間出せるなど快適な物件でした。でも、住居費を見直そうと考え始めたら、「その便利さはこれからの私に必要？」「そこに家賃を払い続けるの？」と疑問に。

これから先の私の優先順位を考えたら、「便利さよりも家賃を下げよう」とストンと落ちました。家の購入は現時点では非現実的。将来的な可能性は残しつつ、賃貸の選択です。

そして、次は広さ。38㎡のマンションでは仕事もプライベートも同じ部屋でしたが、もう少し暮らしにメリハリを

「少し郊外」の新しい家では、大きなダイニングテーブルを買って、自炊モチベーションをアップ。50代からの暮らしを始めました。

つけたい。体力も落ちてくる50代からの働き方には、短時間で集中できる独立した仕事部屋があれば理想的です。

家賃を下げて広さが欲しいとなると、都心は難しいはず。これまでのように、常に刺激的な暮らしはもう必要ありません。でも、田舎暮らしをするのは、まだ早すぎる。ということで、都心にもアクセスがよく便利で、それでいて家の周りは落ち着けるような「少し郊外」に、家を探すことに決めました。

もう一つ優先したのは猫との暮らしです。これから一緒に暮らしたい猫のためにも、ペットが飼える物件であること。それには、ある程度の広さも必要だろうと考えました。家賃、広さ、少し郊外、猫……、徐々に新しい家のイメージが固まってきました。

家の周りをのんびり散歩できるのは、「少し郊外」ならでは。最寄りの駅前は便利なので暮らしやすい。

仕事に集中できる仕事部屋を確保。リビングと切り離して、1日の中でメリハリをつけました。

60歳までの10年間の仕事と暮らしを整える

〈理想の少し郊外暮らし〉
最寄り駅周辺は
"都心と同じ便利さ"
Station

家探しを開始して1年後。49歳6カ月のとき、「少し郊外」(都心から電車で約30分)、駅から徒歩15分、築30年、63㎡、3DK、ペット飼育可能な家に引っ越しました。家賃は月約4万円減。引っ越し代はかかりましたが、2年住めば差額は100万円近くになります。新しい家の場所は、便利さとのどかさのどちらもある、いいとこ取りした「少し郊外」です。最寄り駅周辺では何でもそろい、今までの都心の暮らしと変わらない便利さがあります。一方で、家の周りは静かで、散歩に出れば深呼吸をしたくなるような清々しさ。今後、また暮らし方を変えるかも

家の近くはのんびり
"地に足がついた生活"
田
畑
無人野菜売場
コンビニ
スーパー
ドラッグストア
my home

しれませんが、50代の10年間はこの環境で、暮らしも仕事ももうひと頑張りしてみるつもりです。

引っ越した早々、今までのライフスタイルを変える出来事がありました。新しい家のゴミ出しは朝8時までに集積場へ出すことがルール。夜型の私にとっては悩ましいことでしたが「ゴミ出しのついでに朝の散歩をしてみれば?」という友達の提案をさっそく実行してみたら、なんて気持ちがいいこと! 〝ゴミ出し散歩〟で徐々に早寝早起きのリズムができ、時間を有効に使えている満足感もあります。

憂鬱だったルールが生活リズムを整えるきっかけになるなんて。都心の暮らしでは見逃してきた、「地に足のついた暮らし」が少しずつ板についてきました。

築30年の古さは知恵と工夫で乗り越える

家賃と広さ、ペット、立地のほかにこだわったのは、メインで使うLDKが南向きで明るいことです。条件がありすぎて難しいかなと思いましたが、イメージ通りの今の家に出会えました。実際に暮らしてみると、LDKが南向きなのはやっぱり気持ち良く、諦めないで良かったなと思います。

築30年ではありますが、水周りが新しくリフォームされていて清潔。そして、堅牢で「味のある古さ」が気に入りました。若い頃なら選ばない物件だったかもしれませんが、今なら知恵と工夫で居心地よくできるはず。間取りが細かく分かれていることやリビングが和室であることも、「部屋数に合わせて使い方を決めよう」「和室の攻略法を探そう」と、切り替えました。和室のリビングは、その隣のダイニングとふすまで仕切られていましたが、それを外して広々としたLDK風に。北側の部屋は仕事部屋にして、オンとオフの時間をしっかり分けられるようにしました。そして、残りの部屋は寝室に。

普段は仕事部屋で仕事をし、ごはんはダイニングで食べて休憩、夜は畳リビングでお酒を飲みながらリラックスします。エリア分けすることにより、1日の中でメリハリがつけられる、その心地良さを改めて味わっているところです。

〈3DK 63m² 築30年〉

一人暮らしでは使いにくいと思った間取りは
集中にもリラックスにもぴったり

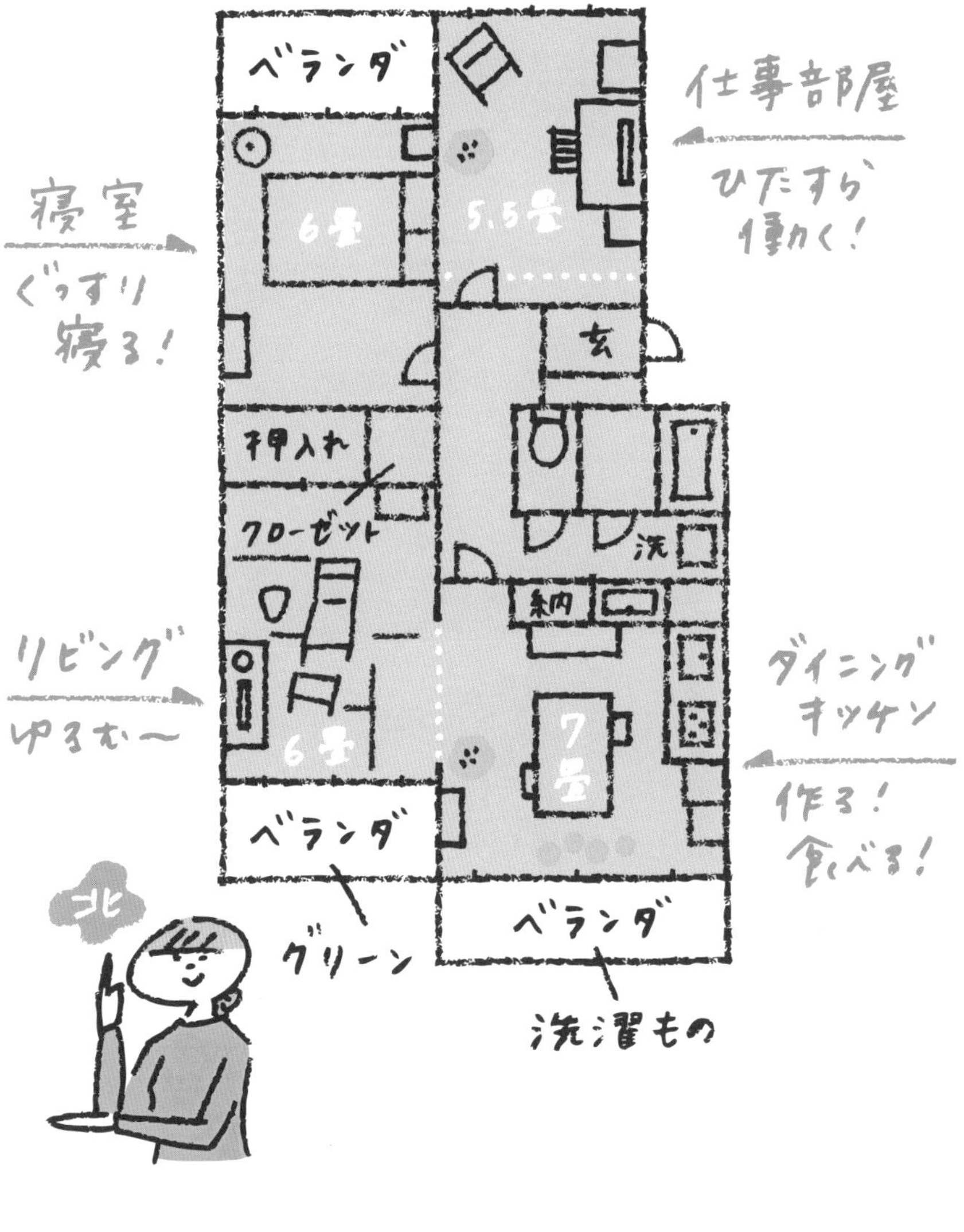
ベランダ
仕事部屋
ひたすら働く！
寝室
ぐっすり寝る！
6畳
5.5畳
玄
押入れ
クローゼット
洗
納
リビング
ゆるむ〜
6畳
ダイニングキッチン
作る！食べる！
7畳
ベランダ
ベランダ
グリーン
洗濯もの
コレ

畳リビングは生活感を抑えて心地よく

リビングが畳なので、理想のインテリアになるのかと不安でしたが、「和風」は隠さず生かすことにしました。まずは、和室の入り口に立ったとき、一番に目に入る「正面の壁」がポイントです。ここが素敵に見えるように、お気に入りのヴィンテージのキャビネットを配置。その脇にデンマーク製ヴィンテージのアームチェアとオットマン、サイドテーブルを置きました。ヴィンテージのしっとりした木の質感と畳は相性が良く、なごめる空間に。そして入り口から死角になるコーナーにチェストをもうひとつ。広さからするとまだ家具は置けそうですが、ものが増えると生活感も増すのでここまでに。ポイントにしたキャビネットの上も、前の家では小物をたくさん飾っていましたが、今はスタンドライトとテレビの最小限に。長年使っていたアナログテレビは目立ちすぎかなと思い、リサイクルショップで小さいものに買い替えたのは正解でした。

仕事が終わって、アームチェアに座ってオットマンに足を伸ばす時間が、一番のリラックスタイムです。照明はキャビネットの上のスタンドライトだけの抑えた光にしたので、夜はよりなごめる雰囲気に。詰め込みすぎず、引き算してちょうどいい。これは、50代からの暮らし全体に当てはまること。和室と50代、重なるものがありそうです。

〈和室の生活感をやわらげる〉

天井照明を
取りつける器具
入り口から見て
一番目に入る場所に
ポイントを作る
イスはななめ置き。
整いすぎをやわらげる
目線に
ベランダのグリーン

長く愛用できる家具の選び方と買い方

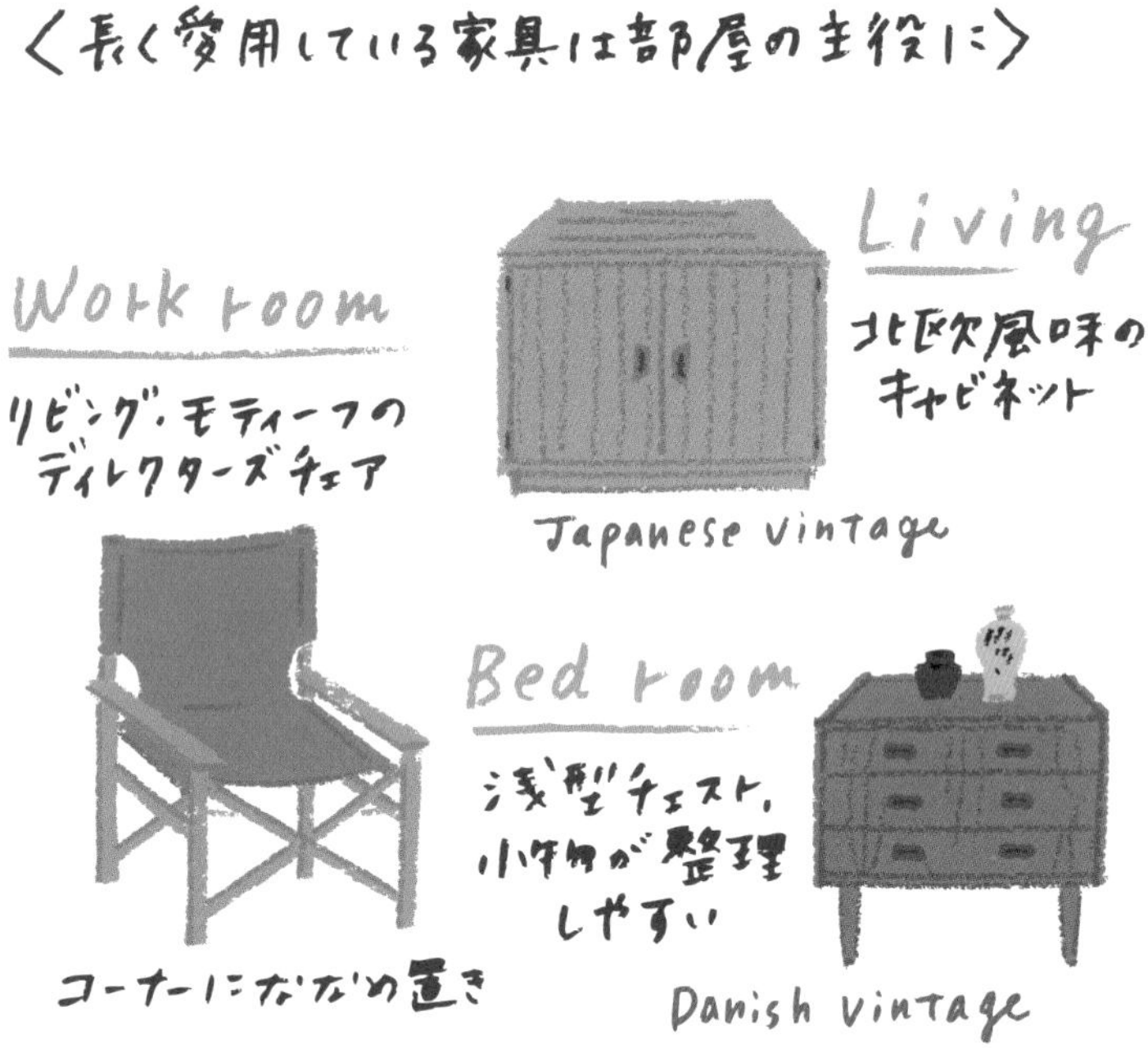
<長く愛用している家具は部屋の主役に>
Work room
リビング・モティーフの
ディレクターズチェア
コーナーにななめ置き
Living
北欧風味の
キャビネット
Japanese vintage
Bed room
浅型チェスト、
小物が整理
しやすい
Danish vintage

今回の引っ越しで新しく買った家具は、ほとんどありません。前の家とは用途が変わったものもありますが、それぞれの家具が新しい家に収まりました。わが家の家具は、ヤフオク、リサイクルショップ、ヴィンテージの家具屋、無印良品と買った店や時期もバラバラ。でも、好きなテイストは木の質感がわかる無塗装なもの、中古で買うときは清潔な古さがあるものと、こだわりはずっと変わらないので、組み合わせてもすんなり調和してくれます。

唯一、新しく購入したのはダイニングテーブルです。ゆっくりごはんを食べたり、趣味の金継ぎができる

\ new face /
Dining kitchen
青林製作所のテーブル
"Tiffany"
39500円で落札
ていねいな作り
古いけれど
チープさは感じず
80cm
70cm
88.5〜143.5cm
エクステンション(伸長式)テーブル

大きめのテーブルを、選択肢が広いネットで探すことにしました。まずはPinterestなどの画像サイトで写真をたくさん見て、イメージを膨らませます。次に、床や手持ちの家具との相性、サイズ感などをシミュレーション。家具単体で見るのではなく、実際の空間に置いたときの調和を想像します。色、ディティール、質感、少しでも引っかかりがあるものは焦って購入しません。

探し始めてから約2カ月、ヤフオクで落札したダイニングテーブルは、70年代に百貨店でも販売されていて、人気だった「青林製作所」という国産の家具メーカーのもの。どこか懐かしく、北欧家具を意識したデザインと職人の技術が詰め込まれた、ヴィンテージの逸品。これから大事に育てていきます。

お気入りの家具をメンテナンスして長く使う

家具は、メンテナンスをしながら長く使い続けてきました。例えば、仕事用のイスは20代のときにリサイクルショップで買い、座面のレザーを自分で張り替えてずっと使っています。同じく仕事部屋のチェストは通販で買い、ワックスを定期的に塗りながら飴色に育ててきました。ひき出しが浅めで10段以上ある、キャスターつきで移動しやすいなど使い勝手がいいので、用途を変えて20年以上使っています。

最近しっかりメンテナンスをしたのは、30年ほど前、上京して一人暮らしをするときに奮発したヴィンテージの無垢材のチェスト。味わい深くて置くだけで様になり、主張しすぎないサイズは収納にも重宝しています。木肌がくすみ、劣化で木くずが出てくるようになったので、家具屋の友達にメンテナンス法を教えてもらいました。まずはスチールウールで中面を磨いてささくれや汚れを取った後、防腐効果があるニスを塗ります。さらに、表面には蜜蝋ワックスを塗って仕上げを。蜜蝋ワックスは初挑戦でしたが、木の質感が生きたツヤは理想的。木の乾燥を防ぎ、表面を保護する役割もあるそう。最後は、引き出しのスライド部分に、蝋を塗って（100円ショップのろうそくでOK）滑りをよくしたら完成！　木くずも出なくなりました。自分でメンテナンスをし、育てながら使うと愛着も湧き、飽きることがありません。

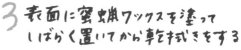

〈無垢材家具のメンテナンスをする〉

1 中面を木目に沿って
スチールウールで磨いて
なめらかに

ゴム手袋必須
紙ヤスリがわり
スチール
目の細かい（#0000）スチールウール

2 乾拭き後、中面に水性ニスを塗る

水性ニス
100円にしては立派!
ダイソーのニス

3 表面に蜜蝋ワックスを塗って
しばらく置いてから乾拭きをする

液体が塗りやすい
蜜蝋ワックス
オールドヴィレッジ
ウエス

4 スライド部分に
蝋を塗る

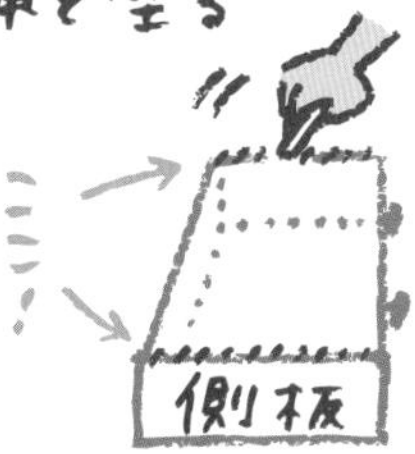
側板

おしまい

※日常の手入れは3のみで十分

睡眠は健康の基本。「よく眠れる」ために取り入れたこと

ベッドのマットレスを新調してから丸5年ほど経ちます。以前のマットレスは腰がくの字に沈むほど柔らかくて、それが原因で腰痛に悩まされたことがありました。そこで、実際に使っている友人たちの話を参考に、高機能マットレスのテンピュール、エアウィーヴ、マニフレックスをお店で体験。その中で沈みすぎず硬すぎない、一番体になじんだマニフレックスを購入しました。以来、腰痛もなくなり、快適です。

最近は、寝室の環境も整えています。まずは、眠ることに集中できるようにインテリアは必要最少限に。睡眠の質にも影響すると言われる電磁波とブルーライトをなるべく浴びないように、スマホは少し離れたチェストの上に移動して、ベッドサイドはアラームクロックだけに。寝る直前のスマホチェックもしなくなり、以前にましてよく眠れるようになりました。朝は自然に目が覚めるように、カーテンを少し開けて、朝日が差し込む隙間を作りました。かすかな光ですが十分に朝を感じられます。

考え事や気が高ぶって眠れないときは、YouTubeで見つけた渓流や波などの自然音を流します。リラックスできるだけでなく、考え事から意識を外すことができて、気がつくと寝落ちしています。少し遠くに置いたスマホから、ごく低音に……くらいが心地いい感じです。

〈快眠の追求は貪欲に〉

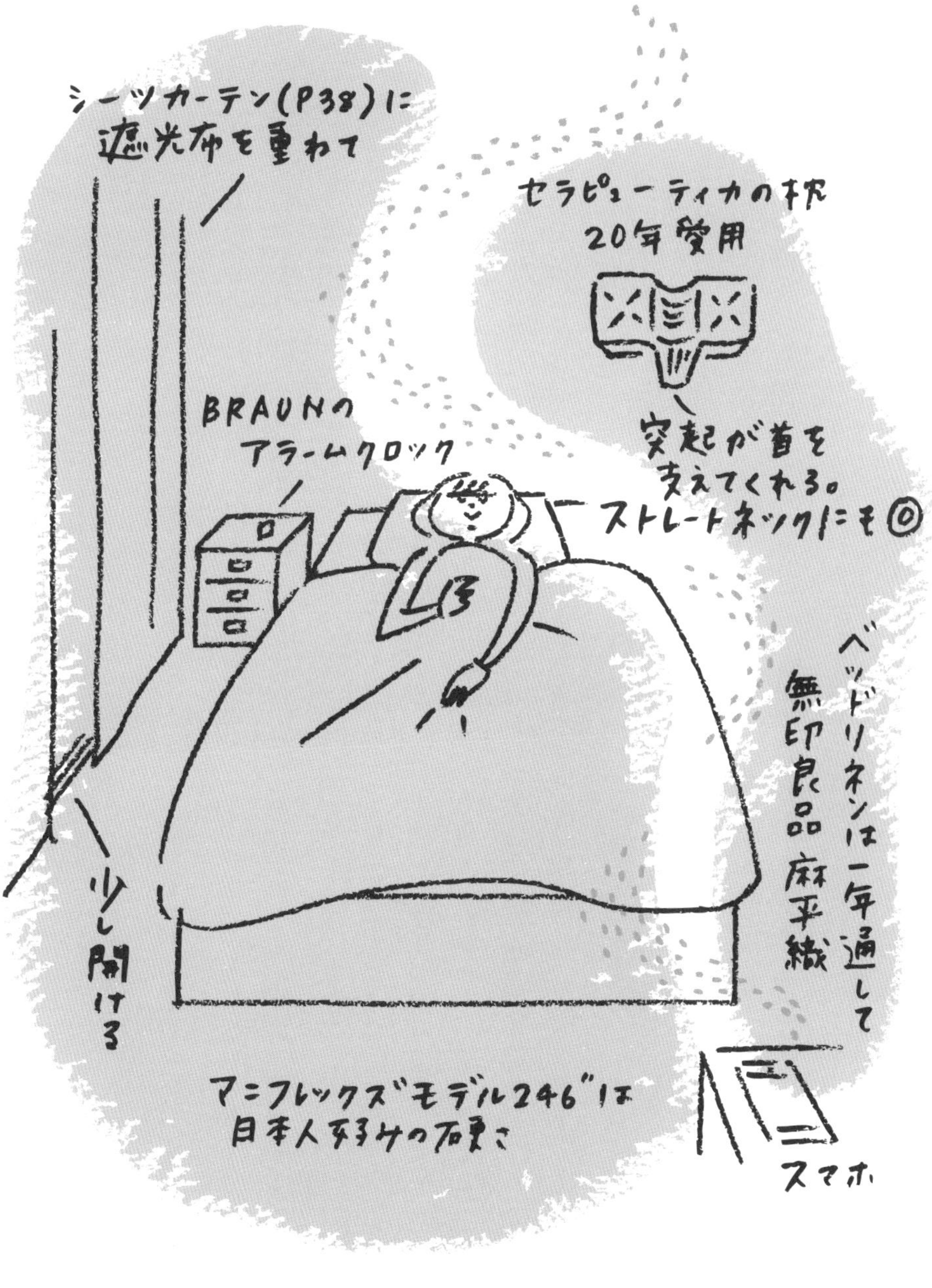
シーツカーテン(P38)に
遮光布を重ねて
セラピューティカの枕
20年愛用
突起が首を
支えてくれる。
ストレートネックにも◎
BRAUNの
アラームクロック
ベッドリネンは一年通して
無印良品 麻平織
少し開ける
マニフレックス"モデル246"は
日本人好みの硬さ
スマホ

植物と仲良くつき合う育て方と置き方

今まで暮らしてきた家には常に何かしらの植物がありましたが、いつも枯らしてばかりでした。でも、植物を育てるのが上手な友人に、水やりやお手入れ法など、基本的なことを教えてもらい、試しているうちに少しずつ育てられるようになりました。新しい家の間取りは南側と北側に2部屋ずつと、日当たりは両極端なので植物を育てるには工夫が必要。南側のLDKには日光が好きなエバーフレッシュやアボカドの木を、北側の仕事部屋と寝室には日当りがよくなくてもたくましく育つウンベラータやポトスを置いています。ときどき、北のチームは日光浴のように南の部屋へ移動させたり、南のチームは日が当たりすぎないように置き方を変えたりと、なるべく植物に負担をかけないようにしています。

グリーンは床置きだけでなく、カーテンレールや天井から吊るしたり、食器棚の上から葉が垂れ下がるようにしたり、置き場所に高低差をつけることで、上から下から緑にぐるりと囲まれている気分が楽しめます。小さいグリーンも寄せ集めれば華やかになり、単体のときとはまた違う雰囲気に。枯らさずに育てられるようになるまで時間はかかりましたが、水やりを気にしたり、成長を喜んだりと、植物は今やすっかり家族のような存在になりました。

〈グリーンの置き方いろいろ〉

置き場所に高低差をつけて
空間に動きを出す
ぶら下げ
ポトス
垂れ下げ
シュガーバイン
大きなエバーフレッシュを
ダイニングにドーンと置いて
シンボルツリーにしてます
小さめグリーンをまとめて
大皿に
下にキャスター付き花台
時には目隠しにも！
タンザニアのイリンガバスケットを鉢カバーに

「隠す」「はがす」で丸見えキッチンをスッキリ

＜カゴ使いでスッキリ＞
モロッコのストローカゴ
ビン類のストックに
タイの水草のカゴ
かさばる食品もスッポリのフォルム
ガーナのボルガバスケット
30cm
炊飯器のサイズに合わせて探しました

新しい家のキッチンは南向きで日当たりがよく、気分よく料理ができます。ただ、壁づけのオープンなキッチンなので汚れや雑然さが丸見えになることが難点。そこで、造りつけの棚に入らない家電や食材などは、家じゅうから集めたカゴに「隠す」ことにしました。

前の家では、普段は棚の中にしまっていた炊飯器。今回はジャストサイズのフタつきのカゴに入れました。ひとり暮らしなので、炊飯器を使うのは週1回程度。3合炊いて小分けにして冷凍。使わない日が多いし、埃よけにもなって不便はありません。キッチンのカゴのテイストはバラバラですが、そ

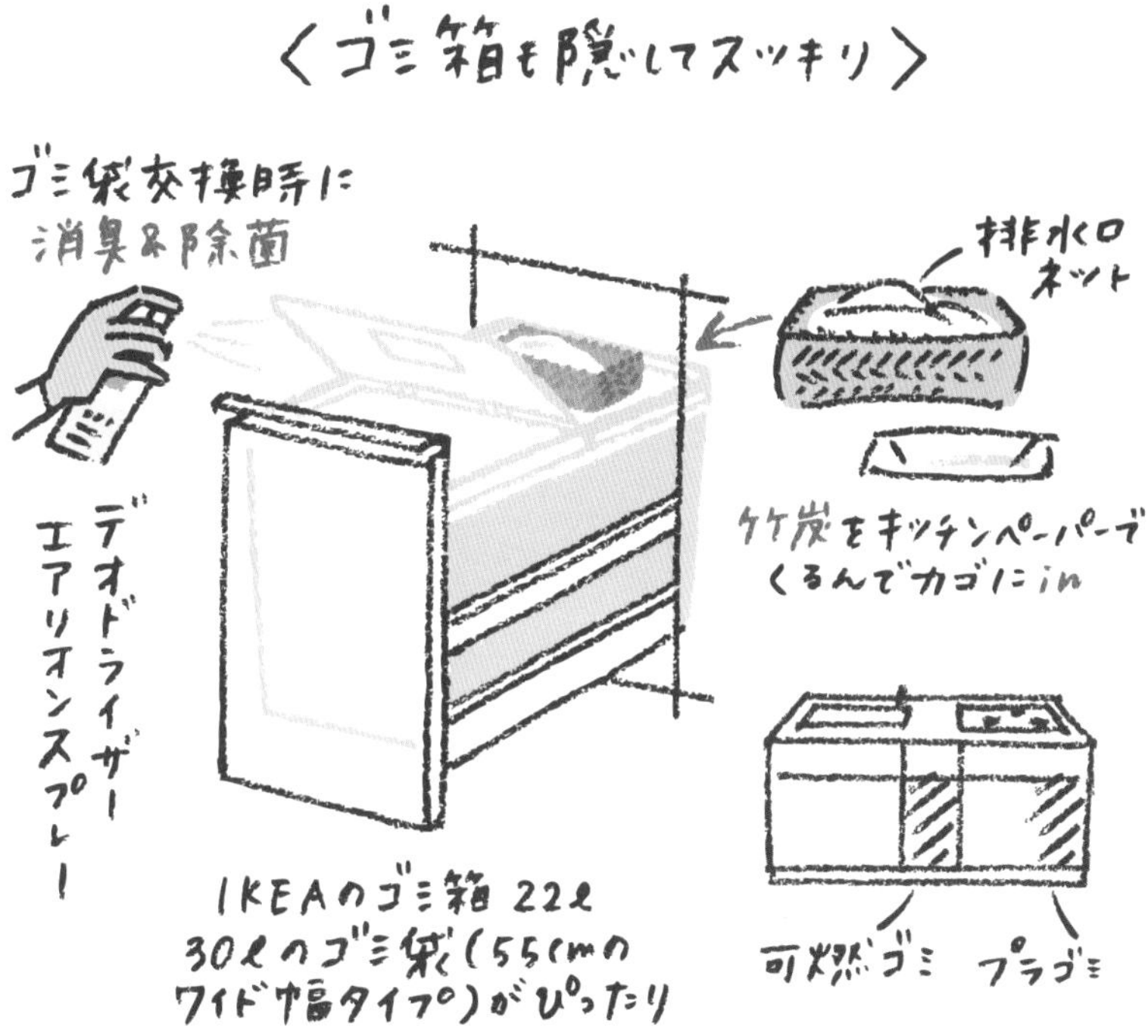
〈ゴミ箱も隠してスッキリ〉
ゴミ袋交換時に
消臭&除菌
デオドライザー
エアリオンスプレー
排水口
ネット
竹炭をキッチンペーパーで
くるんでカゴにin
IKEAのゴミ箱 22ℓ
30ℓのゴミ袋(55cmの
ワイド幅タイプ)がぴったり
可燃ゴミ
プラゴミ

こは自然素材の良さ。木の家具ともなじみます。試しに置いてみたプラスチックの引き出しは、浮いてしまったので納戸の中へ移動しました。

それから、気になるのはゴミ箱。いくつも置くのは、見た目もイマイチなので、シンク下やコンロ下に「隠す」ことに。都合よく入るサイズのゴミ箱を探してみると、ＩＫＥＡのものがぴったり。同じものを計3つ購入しました。生ゴミや可燃ゴミ用はシンク下の引き出しに単独で入れ、生ゴミの臭いが気にならないように、対策をしっかりと。プラスチック用はコンロ下の幅の広い引き出しの一角に入れました。洗って乾かしてから入れるので臭い問題はなし。瓶や缶、ペットボトルなどのゴミ箱は、キッチンではなく納戸に置くことにしました。

〈生ゴミこそスッキリ〉
取っ手がこれまた便利
ムダのない美フォルム
サイズ感もちょうどいい
Lidest オイルポット
〈KEYUCA〉
フタ
調理台にもなじむ

生ゴミを入れる容器は、ステンレス製のオイルポットを利用しています。以前はＩＫＥＡの大きな計量カップを使っていましたが、引っ越しで割れてしまいました。そこで、生ゴミが丸見えにならない、シンクの外に置ける、移動しやすいように持ち手がついている、この3条件で探したらオイルポットがぴったり。ポリ袋をセットして生ゴミを入れ、1日1回夕食後にゴミ箱に移動します。使っていないときはフタをしておけば、臭いも気にならず見た目もスッキリ。

さらに、フタが自立するので、使っているときに置き場所に困らないという気の利きよう。道具を探すとき、元々の用途ではない、別な役割が見事にはまったときの気持ち良さは、ちょっとした幸せを感じます。

〈あふれる色をスッキリ〉

セリアの「水切れの良いキッチンスポンジ」シリーズ
シンプルカラー
水切れバツグン！
スッキリ！
わーわー
Clean
洗剤類のラベルの過剰なカラフルさが苦手
ペリペリペリ…

丸見えキッチンをスッキリさせる工夫のもうひとつが、洗剤類の容器の派手なラベルをはがすこと。たったそれだけで、真っ白でシンプルなボトルに変身します。以前は、詰め替え用ボトルを使っていましたが、見栄えは良くても、徐々に目詰まりするなど微妙な使いにくさがあり、衛生的にも気になっていました。結局、メーカーが研究し尽くした専用の容器が一番使い勝手がいいと気づき、この方法に。

キッチンの洗剤は、食器用とスプレー式漂白剤の二つだけなので、ラベルがなくても「どれが何の洗剤？」と迷うことはなし。シンクやコンロは毎日掃除をしているので、汚れも軽く少量の食器用洗剤だけで、十分落ちます。余計な洗剤はいらないし、置き場所にも困りません。

使い勝手が良すぎる麻のシーツカーテン

無印良品の麻のフラットシーツでカーテンを手作りするようになり、15年経ちました。市販品に気に入るカーテンがなかったので生み出したアイデアですが、今となっては、麻のこなれた風合いとラフな姿形は、私の部屋作りに欠かせないものとなりました。作り方も簡単。窓のサイズに合わせて折って、ＩＫＥＡのカーテンフックで吊るすだけです。レースカーテンを重ねず、ほんわか光の透ける様子を楽しんでいます。ただし、日当たりのいいリビングとダイニングは紫外線が気になるので、布用のＵＶカットスプレーを全体的にかけています。光を遮りたい寝室は、手芸用品店で窓のサイズに合わせた遮光布を買い、カーテンと重ねてフックで挟んでいます。

元はシーツなので、汚れが気になったらすぐに洗濯機で洗えます。大きなネットに入れて弱水流の手洗いモードにすれば、フックを外す手間もありません。麻だから、吊るしておけばすぐに乾くのもいいところ。さらに、長さの調整も簡単なので、引っ越しのときに窓のサイズが変わっても買い替えなくて大丈夫。今回の引っ越しでは、部屋が増えて追加のカーテンが必要になりましたが、同じものがすぐに買い足せるのも便利なところです。

〈シーツを折って吊るすだけのカーテン〉

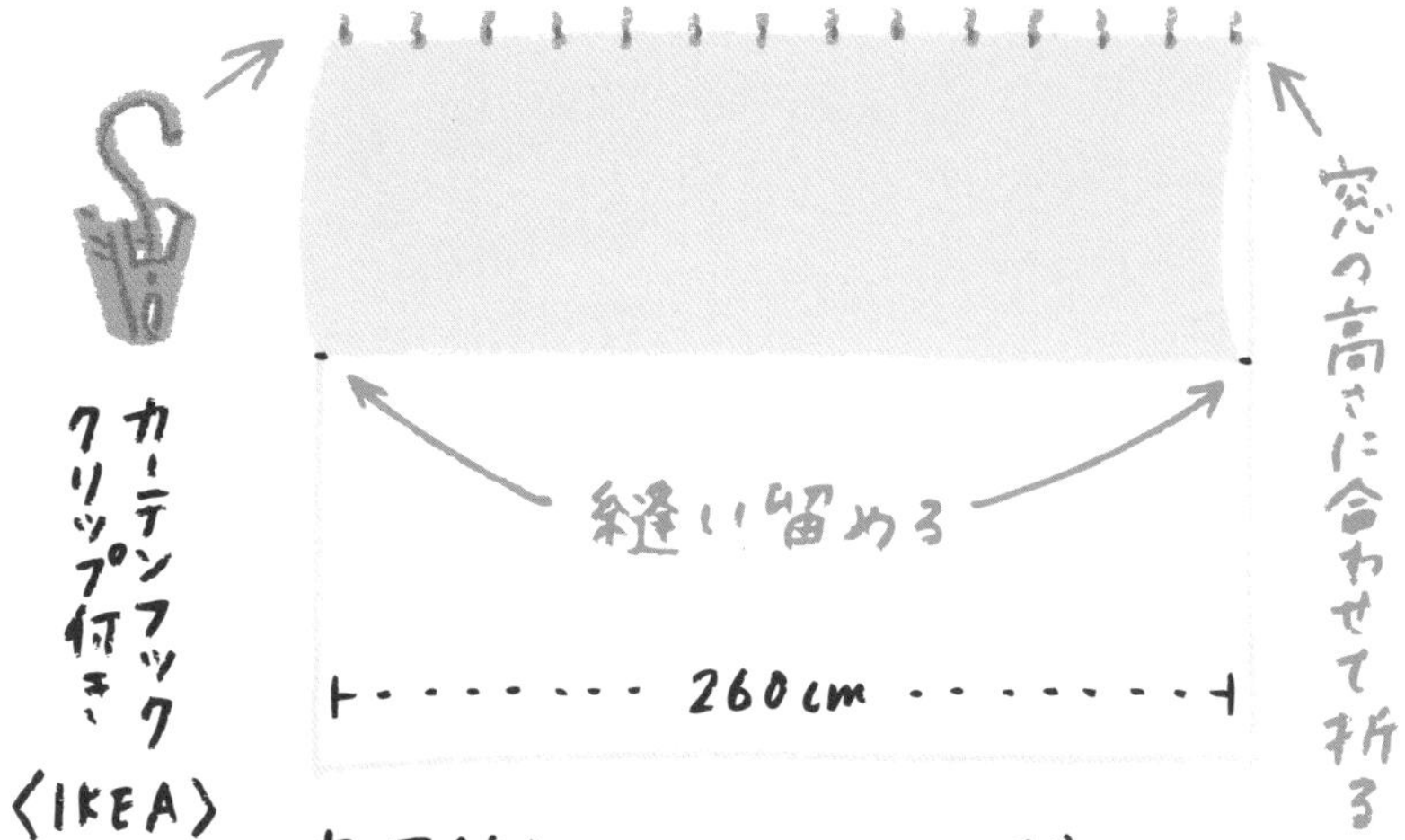

カーテンフック
クリップ付き
〈IKEA〉
縫い留める
260cm
窓の高さに合わせて折る

麻平織フラットシーツ セミダブル オフ白
180×260cm〈無印良品〉

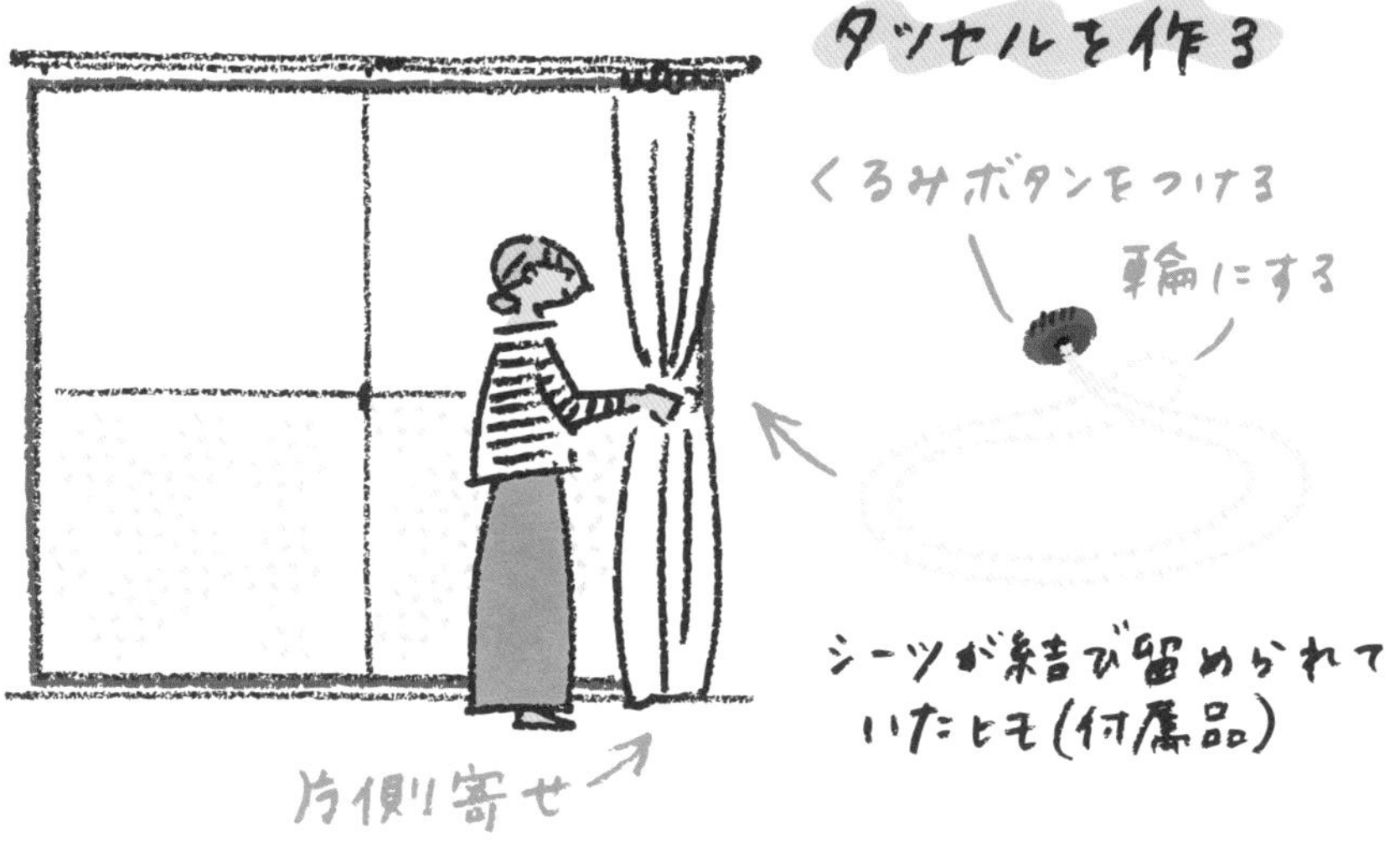

タッセルを作る
くるみボタンをつける
輪にする
シーツが結び留められていたヒモ(付属品)
片側寄せ

収納はメリハリをつけて「見える・見えない」を使い分け

収納はメリハリをつけています。例えば、食器は中が「見えない」吊り戸棚と「見える」食器棚の2カ所に分けています。吊り戸棚は、収納ラックを活用して収納量を確保し、毎日の使う食器を取り出しやすくしまっています。一方で扉がガラスの食器棚は、ショーケースのように程よくヌケを作って、お気に入りの骨董の器やガラスなどを置いています。見える場所の収納は、ヌケは埋めずに重ねすぎないのが美しく見せるコツです。

また、わが家の洗面所の天井近くのオープンな棚には、タオル類を立てて収納しています。片づけコンサルタントの近藤麻理恵さんの「タオルや布類はたたんでから手でギュッとプレスすると立てやすくなる」というアイデアを参考にし、さらにブックエンドで仕切りました。バスタオルは白、フェイスタオルはグレーで統一し、見た目もスッキリ。ハンドタオルなどの小さめのものは、外に出さずにカゴに入れてまとめました。そして、唯一の半間ほどの納戸には、つっぱり棒や100円ショップの収納ボックス、無印良品のプラスチックの引き出しなどを使い、スペースを無駄なく徹底活用。掃除道具や洗剤を使いやすく収納しています。見える場所と見えない場所の収納にメリハリをつけると、機能的で心地よい家になります。

〈見えるところ〉

洗面所の棚
見えて気持ちいい空間を作る

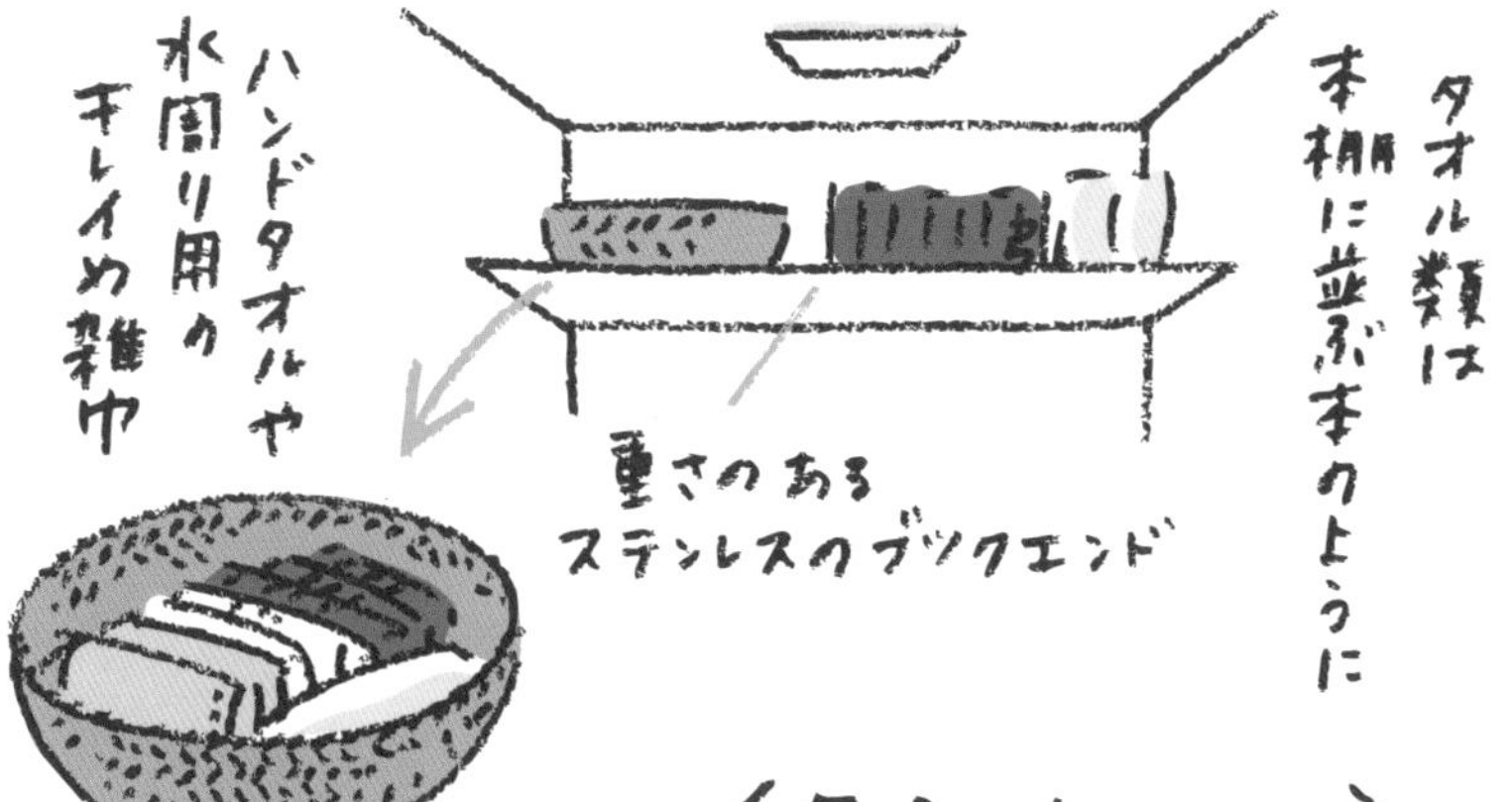
タオル類は
本棚に並ぶ本のように
ハンドタオルや
水回り用の
キレイめ雑巾
重さのある
ステンレスのブックエンド

〈見えないところ〉

納戸は奥行き、高さをフル活用
パズルのように収納

つっぱり棒
2本
スプレー型の
ボトル類は
ハンドルを引っかける
IKEAのクリップ(P79)で
洗濯ばさみ
100円ショップの収納ボックスも
色や形がシンプルなものを

50代からのプレ老前整理。「思い出系」を処分する

<思い出系の処分はこうしてます>
お清めの塩を
ひとつまみ入れて
紙に包む
うん、
もういいかも
写真を
撮って
残す
生活ゴミと
分けてゴミへ
可燃
ゴミ
ありがとう〜 さようなら〜

老前整理にはちょっと早いかなと感じますが、少しずつものを減らしていくつもりです。元々、不要なものにスペースを取られるのが嫌で、定期的に処分してきました。そんな私でも迷うのは「思い出系」もの。例えば、数年前に亡くなった父の一眼レフカメラ。壊れて使えないけど、なかなか捨てられませんでした。でも、今回の引っ越しで改めて手に取ってみたら、古い機械特有のカビ臭さを感じて、処分する決心がつきました。眺めて頭で考えているだけでなく、実際に手に取ってみると判断しやすい気がします。他にも、手に取るとネガティブな感情がよぎる

もう少し持っておきたい
思い出系のものは計6箱
押し入れ下段に
自分の軌跡
バンカーズボックスに
へその緒
アルバム
実家から
強粘着
ふせんに
中身をメモ
過去の旅のガイドブックは
まだ処分したくない

思い出系のものも処分。よどんだ感情も同時に手放せてスッキリしました。

それから、日記や手帳など自分の心の声が記されているものは、なんとなく捨てられずにいました。でも、50代を迎えるにあたり、「今後、私に何かあって、家族や友達に見られたら恥ずかしいものは処分しよう」と踏ん切りがつき、処分できました。

年齢とともに、思い出は形に残さなくても平気になりました。忘れてしまうかもしれませんが、それでもいい。心には余韻が積み重なっているはず。ただ、まだ手元にある「思い出系」のものは、迷っているうちは処分しません。プレ老前整理なので、焦らずに。ときどき手に取って思い出を振り返りつつ、「いる？　いらない？」と自問自答していきます。

居心地よくできるのかが不安だった畳リビング。入り口から見て「正面の壁」をポイントにしてキャビネットを置き、他の家具を配置しました。和室の生活感を薄め、なごめる空間になりました。

新しく買った青林製作所のダイニングテーブルは、元々あった家具や雑貨にも合いました。懐かしいけれど、洗練されたデザイン。ヤフオクで、予算よりも安く落札できました。

和室の入り口から死角の位置に置いた、30年ほど前に買ったアメリカ製ヴィンテージのチェスト。最近、メンテナンスをしたら、引き出しの開閉がスムーズになり格段に使いやすくなりました。

仕事部屋で使っているチェストは、20年以上のおつき合い。元々は白木のものをワックスでメンテナンスし続けて、好みの飴色に。細かい引き出しは書類や画材を整理するのに重宝。

各部屋の入り口から一番目に入る場所に、植物や家具をバランスよく置くと家全体が気持ちのいい空間に。仕事部屋にあるディレクターズチェアは、部屋を引き締める主役家具です。

ベッドスロー（足元のカバー）はアフリカのブルキナファソの藍染めクロス。寝室の差し色に。ベッドの側に置いたフタつきのアタのバスケットは洗濯物入れ。パジャマは、丸いカゴに入れてベッドの上に。

畳リビングの麻のシーツカーテは、カーテンレールを外してつっぱり棒に吊るすことに。和風をやわらげるために、ヨーロッパの家の窓辺のように、天井に近い位置からカーテンを吊るしました。目の錯覚で、部屋が広く感じられます。カーテンを開けるときは、真ん中か左右どちらかの片側に寄せます。

オープンなキッチンは、こまごましたものが外に出ていると雑然とします。無印良品のシェルフはカゴや引き出しを使って、食材や調理道具などを収納。素材をそろえると統一感が出ます。

キッチンにある食器棚は、詰め込みすぎず「見せる」収納。お気に入りの骨董の器やガラスを並べ、ヌケを作ります。日常使いもするので、美しく見せながら、取り出しやすくしています。

玄関に入ってちょうど見える寝室にチェスト、手前の廊下にグリーンを配置し、その風景を楽しみます。廊下にあるグリーンはウンベラータ。剪定した枝を水にさしたら根が出てきたので、鉢に植え替えました。

グリーンは、いろいろな大きさや高さのものを楽しみます。小さいものは寄せ集めて、大きな皿に並べると、華やかなワンコーナーに。円を描くように置くのがポイントです。

食器棚の上をグリーンコーナーにし、エアコンのホースの目隠しに。ダイニングテーブルに座ったときに、ちょうど見える位置なので雰囲気よくします。水やりしながら、調子をチェック。

H&Mのラタンのハンギングバスケットを使って、シュガーバインを天井照明の器具にぶら下げました。

仕事部屋の窓際には、ポトスを口の広い花器にラフに生けました。小さいけど、なごめるコーナーに。

ダイニングに置いたシンボルツリーはエバーフレッシュ。一番目に入るので、いつも元気をもらっています。

下に垂れるポトスを高い棚の上に載せると、空間に動きがでます。どんどん伸びてきて楽しい。

2

暮らし

毎日の床掃除が億劫にならないために

掃除が億劫なのはしょっちゅう。でも、部屋が雑然としていると気持ちもざわつくし、掃除の後の整った空間の気持ち良さが好きなので、こまめにするようにしています。場所により頻度はまちまちですが、床だけは毎日。床がきれいなだけで、家全体が整って見えるからです。毎日するので、汚れは軽く、時間にするとほんの5分。毎朝、お茶を入れる湯を沸かしている間に、家じゅうの床にモップをかけます。腰をかがめるなど、ものを移動させるアクションが一つ増えるだけで掃除が億劫になるので、なるべく床置きしないように。ゴミ箱や植物などはキャスターつきの花台に載せて、サッと移動しやすく。1日の流れの中に入っているので、体も自然に動きます。

引っ越してから、なかなか掃除方法が定まらなかったのがリビングにしている和室です。畳には「吸い上げる」工程があったほうが気持ちいいけれど、長年使っているコードレスクリーナーの威力が少し落ちてきました。そこで、掃除機の後に、フローリング用ドライシートをかけてみたら、細かい埃まで取れていい感じ。毎日の掃除はフローリングとともにモップをかけ、週1回は掃除機+モップにしました。猫との暮らしが始まったら掃除機を買い替える予定ですが、今はこれで乗り切ります。

〈5分で完了するノンストップ掃除〉

掃除道具は腰をかがめず
取り出せる場所に集結
ものは
床置きしない
移動しやすく
ツ〜
納戸
P41も見てね
100円ショップの
キャスターつき花台
軽い力で移動
畳の掃除
目立ちにくいだけで
かなりほこりが
取れてびっくり〜
おお
ドライシートは
畳の目に沿って

お風呂時間で自分メンテナンスをする

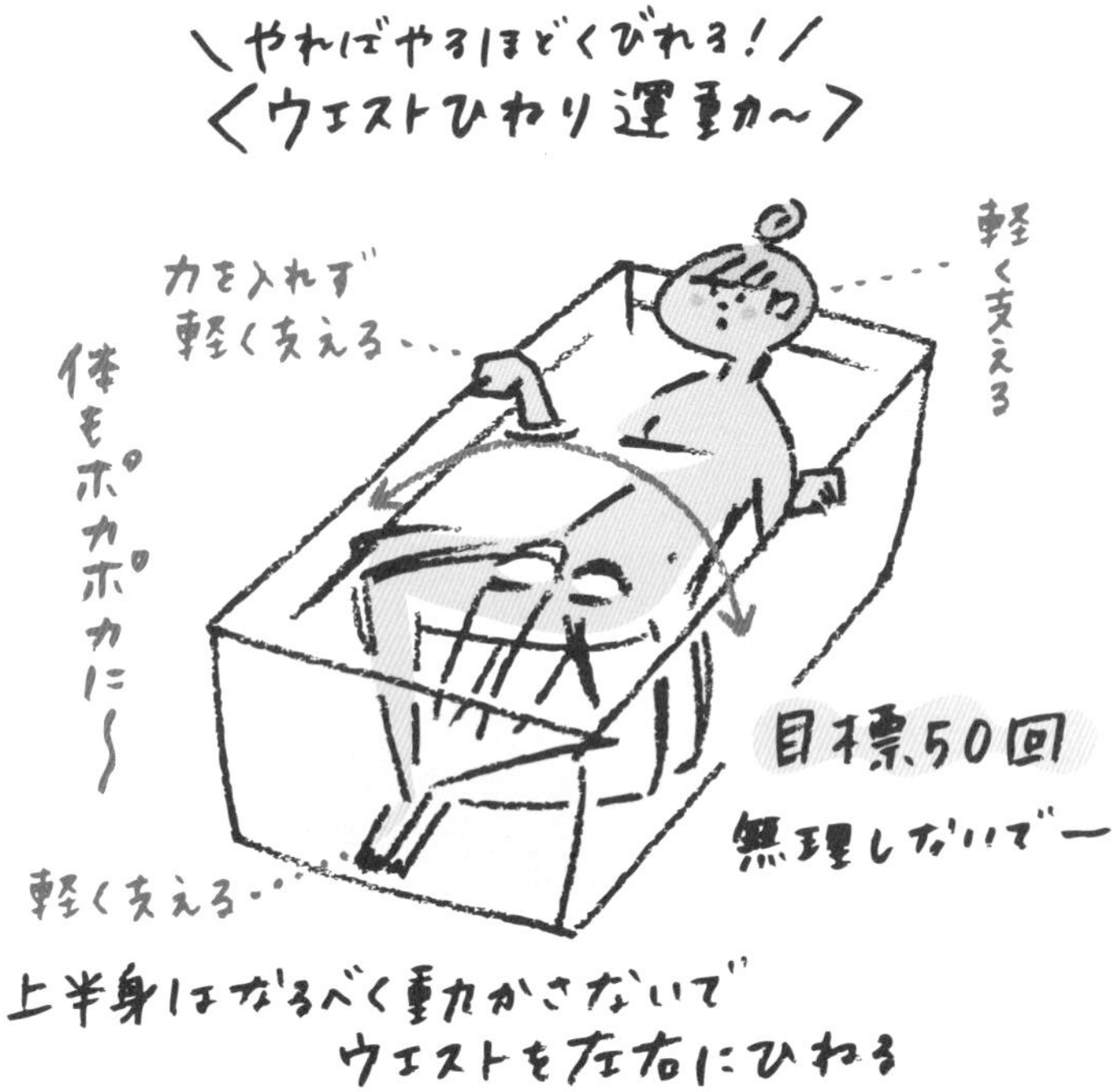
＼やればやるほどくびれる！／
＜ウエストひねり運動～＞
軽く支える
力を入れず軽く支える
体もポカポカに～
目標50回
無理しないでー
軽く支える
上半身はなるべく動かさないでウエストを左右にひねる

突然ですが、浴室の鏡はどれくらい活用していますか？　私にとって鏡はかなり重要。湯気で曇らないように、お風呂に入ったら一番最初に、鏡を濡らしてボディソープを少し塗ります。洗顔の洗い残しがないか、カラートリートメント（白髪用）はムラなく塗れているか、顔のお疲れ具合などを鏡でしっかり確認。体型をチェックできるのもお風呂ならではです。気になるお腹まわりも、辛いけれど現実を直視。たるんできたなと感じたら、湯船に浸かりながらくびれ体操に励みます。左右にひねるだけで本当にウエストがくびれてくるのでおすすめです。

＜気持ちいいお風呂時間のために＞

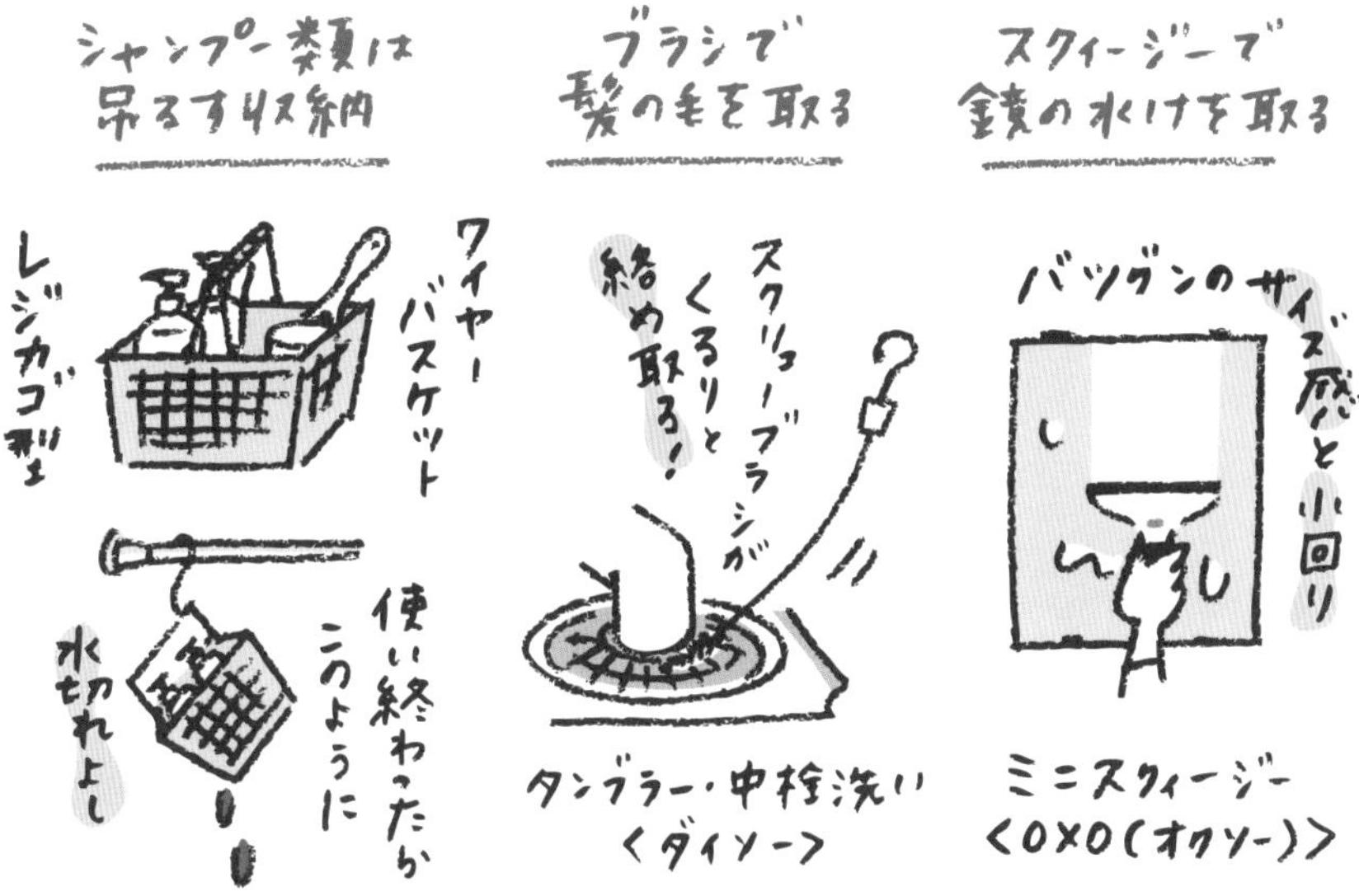
シャンプー類は吊るす収納
ワイヤーバスケット
レジカゴ型
使い終わったらこのように
水切れよし
ブラシで髪の毛を取る
スクリューブラシがくるりと絡め取る!
タンブラー・中栓洗い
＜ダイソー＞
スクイージーで鏡の水けを取る
バツグンのサイズ感と小回り
ミニスクイージー
＜OXO（オクソー）＞

また、気持ち良くお風呂時間を過ごすために、毎日簡単な掃除をしています。出るときに、壁、床、鏡に水シャワーを勢いよくかけ、汚れを流して浴室の温度を下げます。次にスクリューブラシで排水口の髪の毛を絡め取ります。このブラシはタオルハンガーにS字フックで吊るしておけるので、苦手な髪の毛取りに重宝。鏡の水けは、スクイージーでしっかり取ってピカピカに。以前住んでいた家で、鏡を水垢で真っ白にしてしまったことがあるので、ここは欠かせません。

最後に、ドアまわりを雑巾で拭き、換気扇を回すだけ。床にはものを置かず、全ては吊るす収納で、カビやヌメリが発生しないお風呂をキープしています。毎日サッと掃除をすれば、しっかり掃除は週1回ですみます。

毎日ごはんの強い味方！「オイルづけニンニク」

料理は好きなほうですが、毎日のこととなると、やはり面倒だなと思う日もあります。そんなときに助かるのが、常備している「オイルづけニンニク」。ニンニク1玉分をみじん切りにして瓶に入れ、オリーブオイルをひたひたに注ぐだけ（瓶とフタはあらかじめ熱湯をかけて消毒）。料理のたびに、面倒なニンニクのみじん切りをしなくてすみ、手早く食べたいときや作るのが億劫な日の強い味方です。どんな料理にも合うのですが、特に昼ごはんによく作るパスタにはぴったり。これがあれば、まな板や包丁を使わずにソースが5分で完成します。おすすめのレシピのひとつがこれ。フライパンにオイルづけニンニク、オリーブオイル（好みで追加）を入れ、その上にスライサーで薄切りにした玉ネギとツナを加えて火にかけます。ゆでたパスタを加えて、仕上げにトングでグルグルと高速で混ぜて水分とオイルを乳化させ、ソースがトロリとしたら出来上がり！　時短メニューなのに、お店風の味になります。

「オイルづけニンニク」を使った、野菜たっぷりのオイル蒸しもおすすめ。ル・クルーゼのような厚地の鍋に、オイルづけニンニク、好きな野菜を入れ、塩、オリーブオイル、水を加えてフタをして5分ほど蒸すだけ。夜ごはんの副菜にしたり、友達が来たときのおもてなしにも。パスタをあえてもおいしい、お気に入りのメニューです。

〈野菜たっぷり オイル蒸し（一人分）〉

オリーブオイル
ひとまわし
カリフラワーもおいしい！
水大6
小松菜
半束
ブロッコリー
半分
じゃがいも
1個分
スライス
オイルづけ
ニンニク小2

材料を全部入れてから
火をつける

野菜に火が通ったら
できあがり

パスタを入れるならここで
お好みでバターやこしょう

鍋ごとテーブルに！

じゃがいもがトローリ
絡まっておいしい

〈NO包丁 NOまな板で おいしいパスタ（一人分）〉

パスタをゆではじめる

オリーブオイル
玉ネギ
1/6個
スライサーで
ニンニク
小2

材料を入れてから
火をつける

玉ネギしんなり
味変
ここでトマトペーストを入れればトマト味に

パスタのゆで汁を
加えて煮つめる。
3回ほどくり返して
ここで塩加減もチェック

パスタを入れる前にレモン汁1/2個を入れればレモンパスタに
味変
重要

高速で混ぜてオイルを
乳化。ソースがトロリと
したら完成

夜ごはんは副菜中心の和定食スタイル

お昼は麺類など一品ものが多いので、夜はバランスのよい和定食スタイルが定番です。ご飯に具沢山のおみそ汁、主菜は肉か卵料理、副菜は野菜のおかずと納豆、というのが長年でしたが、最近は主菜をなくして、副菜のおかず2～3品にするのが体にしっくりきます。運動をしているのでたんぱく質は意識して、納豆は必ず添え、おみそ汁には豆腐や油揚げを入れます。しっかりした肉や魚の主菜は外食のときに積極的に食べることにし、家では週1～2回程度になりました。

副菜は、超定番おかずをできるときにまとめて作り置きします。1年じゅう作るのは、野菜の煮びたしと焼きびたしです。煮びたしは、だしに酒、塩、しょうゆで味つけしたひたし汁を鍋で煮立たせ、野菜を加えて軽く火を通すだけ。小松菜、菜の花、豆苗など葉の柔らかい野菜ならなんでもOK。焼きびたしはししとう、オクラ、ゴーヤ、ピーマン、アスパラガス、きのこ、ネギ、スナップエンドウなど季節の野菜を、鍋で軽く焼き目をつけてひたし汁を加え、好みの固さになるまで火を通します。野菜を数種類にしたり、油揚げや厚揚げを加えればボリュームが出ます。どちらも亜麻仁油をかけて汁まで全部いただくので、だしは濃い目で塩分は薄めに。野菜の味もしっかり感じられて、毎日食べても飽きません。

〈和定食スタイルの毎日夜ごはん〉

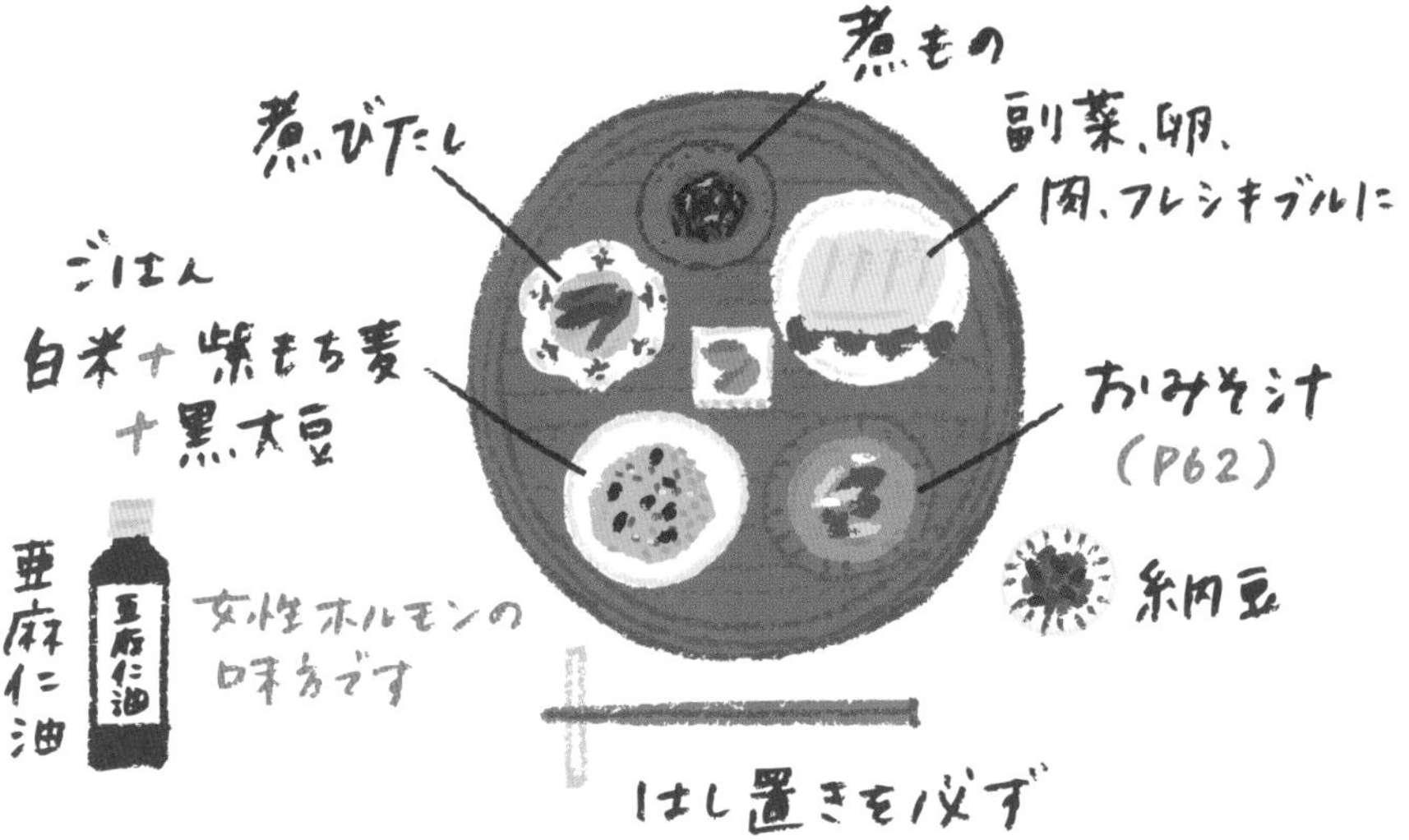
煮もの
煮びたし
副菜、卵、
肉、フレシキブルに
ごはん
白米＋紫もち麦
＋黒大豆
おみそ汁
（P62）
納豆
亜麻仁油
亜麻仁油
女性ホルモンの
味方です
はし置きを必ず

季節のものをどんどん煮びたす＆焼きびたす！

ひたし汁／だし汁、酒、塩、しょうゆ少々

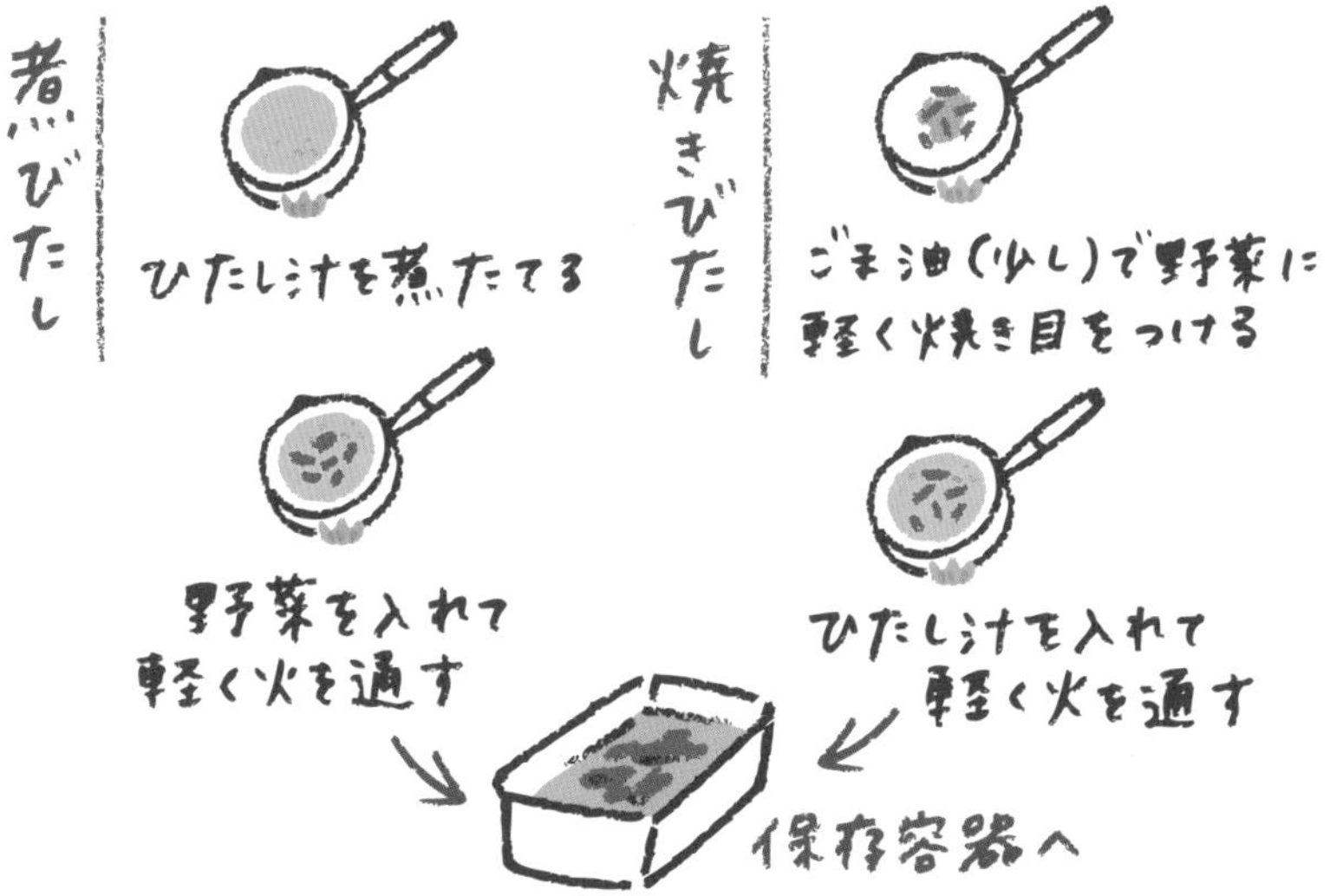
煮びたし
ひたし汁を煮たてる
野菜を入れて
軽く火を通す
焼きびたし
ごま油（少し）で野菜に
軽く焼き目をつける
ひたし汁を入れて
軽く火を通す
保存容器へ

おみそ汁は1日の栄養バランスの調整役

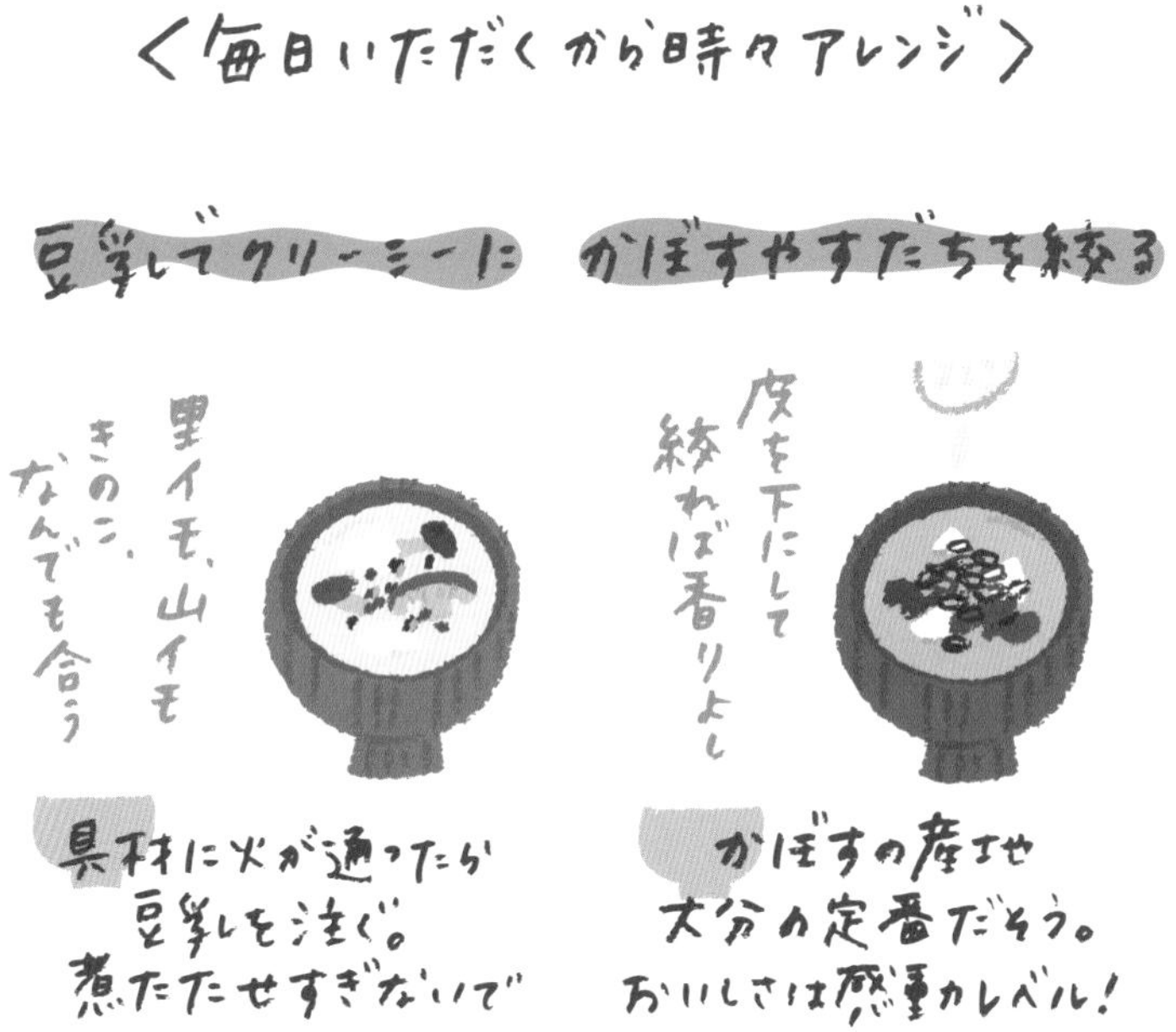
〈毎日いただくから時々アレンジ〉
豆乳でクリーミーに
かぼすやすだちを絞る
里イモ、山イモ
きのこ、
なんでも合う
皮を下にして
絞れば香りよし
具材に火が通ったら
豆乳を注ぐ。
煮たたせすぎないで
かぼすの産地
大分の定番だそう。
おいしさは感動レベル！

夕食には必ずおみそ汁をいただきます。忙しいときは市販のお惣菜を買うこともありますが、おみそ汁だけは手作り。具材は必ず3種類は入れます。野菜不足のときは、野菜数種類をたっぷり。献立にたんぱく質が足りないときは、油揚げや高野豆腐、豆腐を加えてカバー。乾燥わかめやとろろ昆布などの海藻は、サッと加えられる時短素材なので常備してよく使っています。

魚はいつも不足気味なので、愛用のだしパックの中身を出して、素材を丸ごといただきます。以前は、だしをとっていたこともありますが、自炊率高めの私にはだしパックが手軽。食生活が

〈毎日のことだからミニサイズで効率よく〉

いい仕事をする
スパチュラミニ(P80)
〈ブランシェ・アソシエイツ〉
使い勝手がよすぎる小鍋
ままごとサイズ
ユキヒラ15cm
〈デミプロキッチン〉
だしパックは
ガラスのキャニスター
(50ml)に
〈WECK〉
注ぎ方
手抜き

乱れがちなひとり暮らしだからこそ、おみそ汁は、1日の栄養バランスの調整役として大活躍です。

みそとだしの香りがふわっとするフレッシュなおみそ汁が好きなので、作り置きはせず、毎食1杯分を作ります。億劫にならないのは、直径15㎝の雪平鍋とミニサイズのスパチュラがあるおかげ。それから、だしパックの中身をあらかじめ出して、キャニスターに入れておくこともポイント。だしパック1袋は1杯分には量が多いので、好みの量を調整しやすいのです。小鍋に1杯分の水とだしを煮立てたら、具材を入れ、スパチュラでみそを溶いて完成。愛用のスパチュラは、その小ささと絶妙なしなり具合で、手早く鍋底でみそが溶けるので便利。5分もあればおいしいおみそ汁の完成です。

普段使いできる骨董の器の選び方

元々は海外のアンティークが好きだったのですが、知人から古伊万里の湯のみをいただいたことがきっかけで、日本の古い器に興味を持つようになりました。好みもありますが、古伊万里は柄や色が使いやすくて、手頃な値段のものがたくさんあるので、初心者さんにはおすすめ。お惣菜やお菓子に、取り皿に、ちょうどいいサイズの小皿は、毎日出番があるくらい便利です。

そんな毎日の食卓で大活躍の骨董の器ですが、最初は選び方がわかりませんでした。以前、色合いに一目惚れして買ったお皿に細いヒビが入っていて、使い始めて早々に欠けてしまったことが。失敗を何度もして、今は自分なりの基準がわかってきました。まず、見た目が好みかどうか、次に割れや欠けがないか、小さな亀裂が入っていないかなどをじっくり確認します。初心者さんは、まずは1枚買ってみて、それに似合いそうなものを買い足していくのがいいと思います。骨董市で店主に柄のことや時代背景などを質問したり、ヤフオクや古美術商のサイトを眺めて知識を深めたりするのもお気に入りを見つけるヒントに。ひとつずつゆっくり器をそろえていくことで、本当に好きなものがわかるようになり、50代からのもの選びの軸ができたように思います。

〈普段使いのための骨董入門〉

江戸時代に有田などで焼かれた磁器を"古伊万里"といいます〈諸説あり〉

代表的な 古伊万里の種類いろいろ

染付

白と藍が美しい
はじめの一枚にも

色絵

華やか!
意外に合わせやすい

白磁

シック路線

使いやすいオススメの形

小皿

6〜12cm → 小皿
何枚あっても便利
※6cm以下 → 豆皿

なます皿

10〜15cm
少し深さがあって
汁のあるものにも○

そば猪口

お茶、コーヒー
スープ、ヨーグルト
オールマイティ

好みの文様を見つけるのも楽しい

植物

動物

ゆる〜い

人物

西洋人らしき人

風景

骨董の器の扱い方と金継ぎ

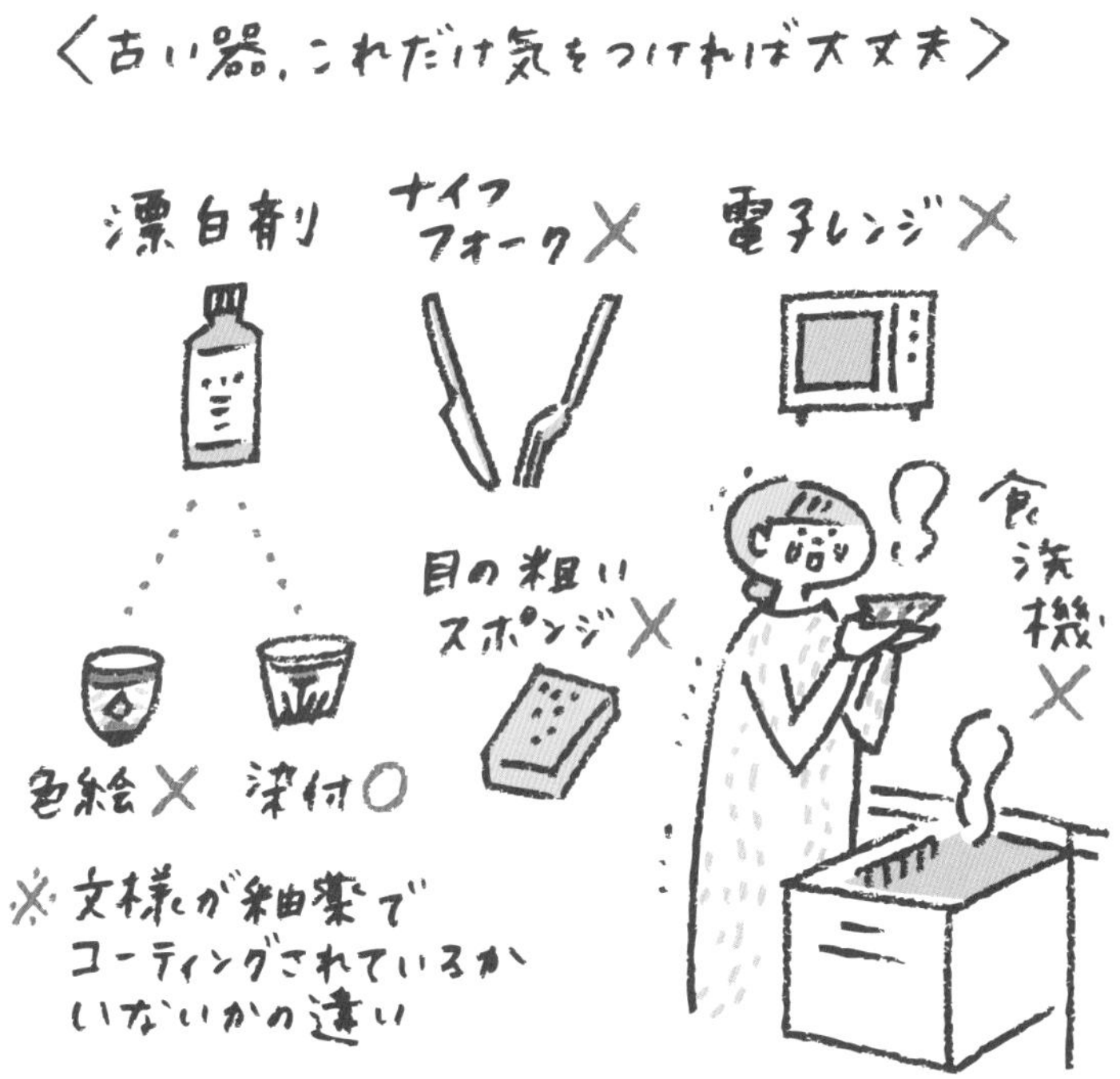
〈古い器、これだけ気をつければ大丈夫〉
漂白剤
ナイフ
フォーク×
電子レンジ×
目の粗い
スポンジ×
食洗機×
色絵×
染付○
※文様が釉薬で
コーティングされているか
いないかの違い

骨董の器は壊れやすいと思われがちですが、何百年も前に作られたものが、残っているということは、逆に頑丈でもあります。要所を気をつければ、気軽に使える生活道具なのです。とはいえ、骨董の器を普段使いすると、失敗もいろいろあります。かつては、色絵の茶碗を食洗機にかけて、鮮やかな色をパステルカラーにしてしまったことも。かなり落ち込みましたが、そうして徐々に扱い方を覚えました。藍色の濃淡がきれいな染付は、もう少し扱いがラク。茶渋や汚れには漂白剤を使えるので、より普段使いに向いています。

金継ぎを始めたのも、愛着ある器を

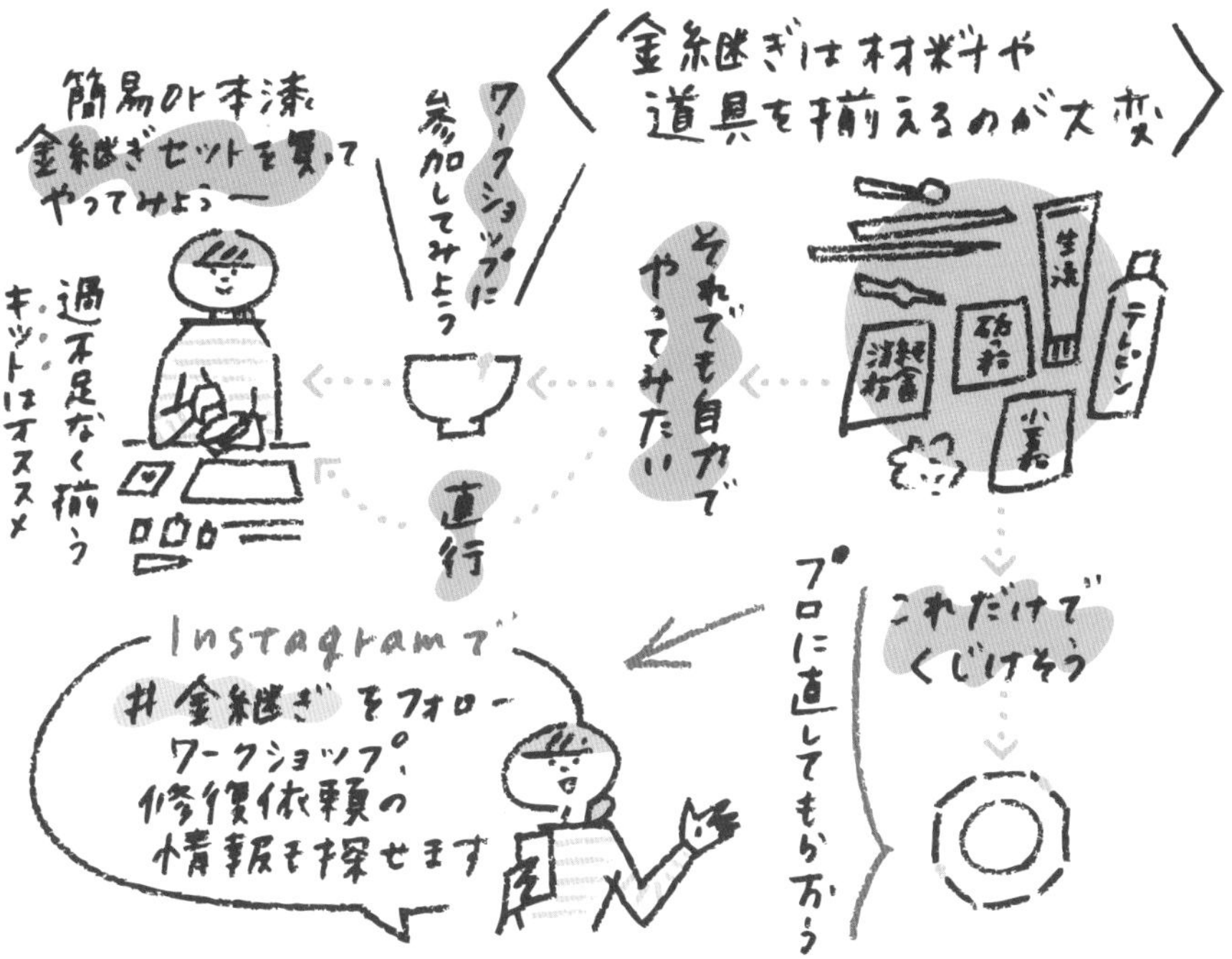
金継ぎは材料や道具を揃えるのが大変
生漆
テレピン
小麦
これだけでくじけそう
プロに直してもらおう
それでも自力でやってみたい
ワークショップに参加してみよう
簡易or本漆金継ぎセットを買ってやってみよう〜
過不足なく揃うキットはオススメ
直行
Instagramで #金継ぎ をフォロー ワークショップ、修復依頼の情報を探せます

直しながら長く使いたいと思ったからです。5年ほど前に金継ぎ教室に通い、ひと通り習いました。自宅でも続けたくて調べていると、金継ぎには人工的な樹脂を使う簡易金継ぎと、天然の漆を使う本漆金継ぎがあると知りました。私が教わったような短期間の教室は乾きも早く、漆かぶれも少ない、簡易な修復を教えているところが多いよう。せっかく続けるなら、本漆金継ぎもやってみたいと思い、本やネットや教室で習ったことを参考にしながら独学で覚えました。

本漆金継ぎは難しく、今だに失敗しては直すの繰り返し。でも、手間も含めて、美しい器に生まれ変わったときの感動はひとしお。これからも続けたい趣味のひとつになりました。

身も心も日本茶がしっくりくる毎日のお茶時間

ルイボスティに中国茶……流行や気分によっていろいろなお茶を飲んできましたが、今は日本茶がしっくりきます。きっかけは、40代半ば、旅行で行った京都。住宅街の茶葉を売る普通のお店で、ご主人が入れてくださったお茶がしみじみおいしかったことです。以来、家では日本茶が多くなりました。最近の定番は、煎茶よりもカフェインが少ない番茶やほうじ茶です。私にとってのお茶時間は朝。朝食は食べずに、日本茶とドライか生のフルーツやナッツをお茶請けにいただくのが、4年ほど前からのルーティン。これが、体にも心にも合っているようです。

お茶を入れるときには、デッドストックの大きな急須とガラスのポットを使います。まず、急須に茶葉を入れたら熱湯を注ぎ2〜3分蒸らします。次に、ガラスのポットに移してから、湯のみに注ぎます。このひと手間で適温になり、味もまろやかに。手間を省いて急須から直接飲むと、やっぱり口当たりが違う。茶葉も手順も京都のお茶屋さんとは違いますが、ゆったりとした佇まいが仙人のようだったご主人を思い出して。静かな注ぎ方や最後のひとしずくまで落とすていねいさを真似して入れると、自分の慌ただしさに気づかされます。忙しい毎日の中での、大切な時間です。

<いつものお茶とお茶請け>

リピートしている茶葉

献上加賀棒茶
〈丸八製茶場〉

長いおつきあい
贈り物にも重宝

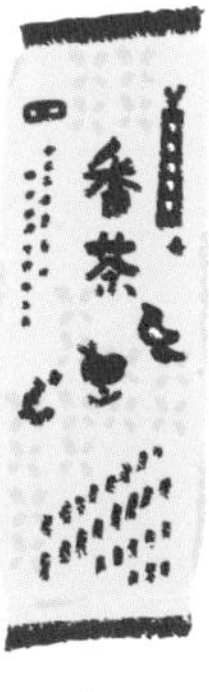

有機番茶
〈新生わたらい茶〉

番茶好きになる
きっかけがこちら

有機で300円台！

お茶請けは
フルーツか
ドライ
フルーツ

りんご

小皿、豆皿を
選ぶ楽しみも

生くるみと
デーツ

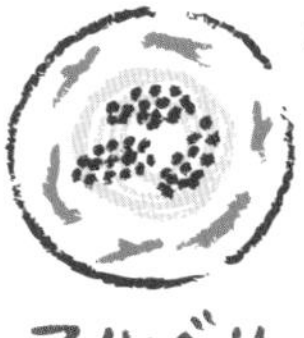

マルベリー
（桑の実）

フランス式アロマテラピーで体の調子を整える

フランス式アロマテラピーを知ったのは、数年前、友人に紹介をしてもらった本が最初です。フランスでは、日本の漢方医療のように、医師が病気治療のために医療用の精油を処方することもあり、国が医療行為として認めている存在だそう。リラクゼーションのイメージが強かったアロマテラピーが、治療として存在していることにビビビッときました。その後はワークショップに参加したり、自分の体を実験台に試す日々。例えば、風邪はラベンダーとティートリー、ユーカリ・ラディアタの3種類で幅広く対応できます。予防には、外出時、3種類の精油をブレンドしたミストをマスクにスプレー。風邪の兆しを感じたら、ディフューザーにこの3種類を数滴垂らして室内に拡散させれば、かなりの確率でブロック。また、咳がしつこく残って、苦しくて眠れないときはユーカリ・ラディアタの精油を含ませたティッシュを枕元に置きます。以前、これで咳がピタリと止まったことがあって、それ以来お守り代わりです。もちろん対処しきれないときは、切り替えて病院に行きます。

更年期ケアには、女性ホルモンに似た働きをする精油、クラリセージがメインのブレンドオイルの出番。体調が気になるときに、みぞおち辺りに塗っています。自分の体の声を聞きながら心地よくケアができるアロマテラピー、これからも続けていきます。

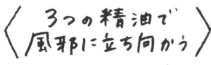

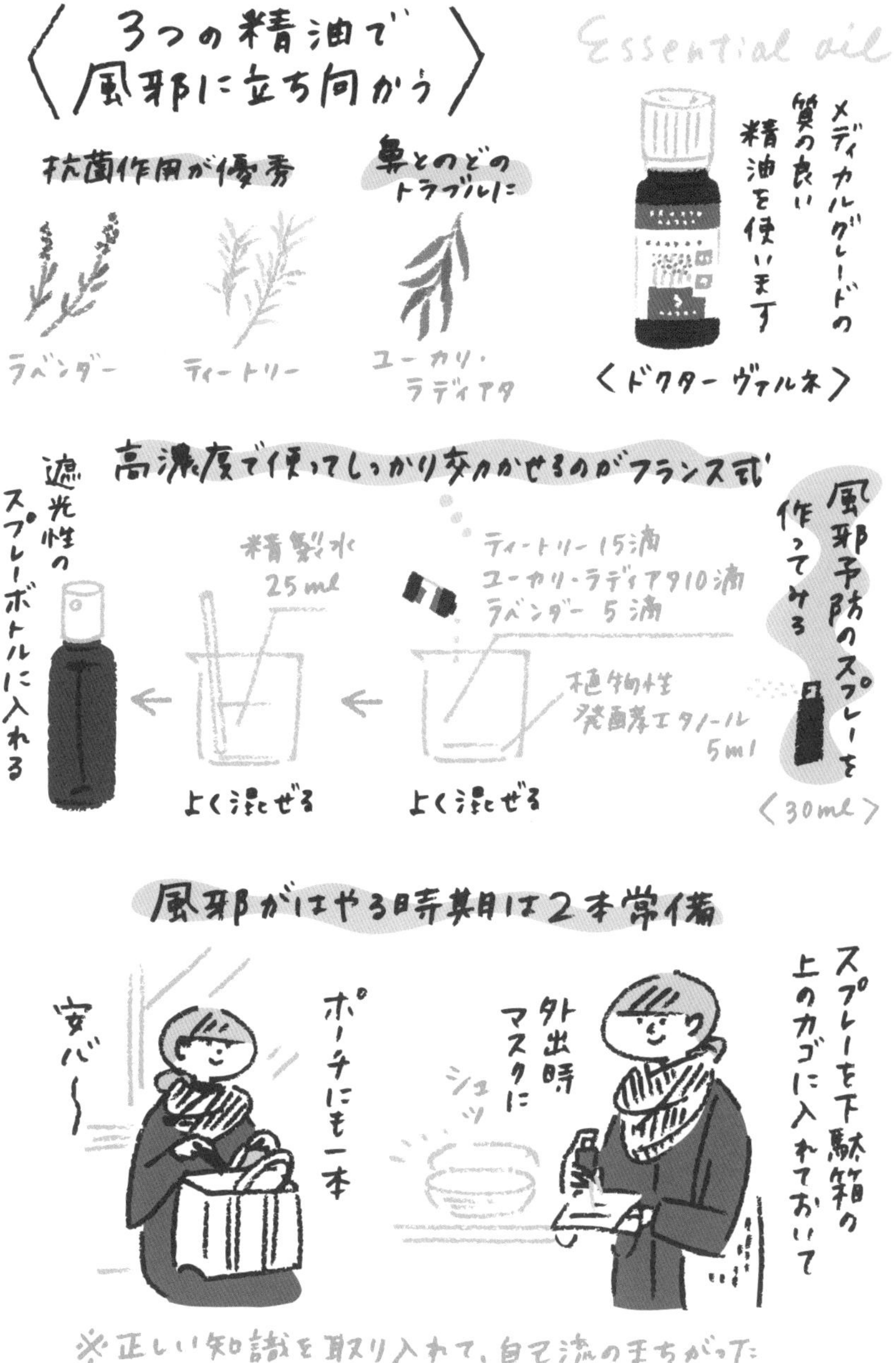
〈3つの精油で風邪に立ち向かう〉
Essential oil
抗菌作用が優秀
鼻とのどのトラブルに
ラベンダー
ティートリー
ユーカリ・ラディアタ
メディカルグレードの質の良い精油を使います
〈ドクター ヴァルネ〉
高濃度で使ってしっかり効かせるのがフランス式
風邪予防のスプレーを作ってみる
〈30ml〉
植物性発酵エタノール 5ml
ティートリー 15滴
ユーカリ・ラディアタ 10滴
ラベンダー 5滴
よく混ぜる
精製水 25ml
よく混ぜる
遮光性のスプレーボトルに入れる
風邪がはやる時期は2本常備
スプレーを下駄箱の上のカゴに入れておいて
外出時マスクに
シュッ
ポーチにも一本
安心〜

※正しい知識を取り入れて、自己流のまちがった使い方をしないように気をつけて下さい〜

毎日のお灸で「元気が持つ体」に

〈セルフお灸のやり方〉
火をつける
もぐさが入っている
台座
燃えつきて煙が消える
5分くらい待つ
じんわり
ポカポカ
台座が冷めたらおわり
せんねん灸には温熱レベルが5段階あります。レベルは1〜5まで効果はどれも同じ
私は熱さがマイルド(レベル2)なこちらを愛用
せんねん灸アロマきゅう
〈せんねん灸〉

アロマテラピーと並んで、体の調子を整えるセルフケアのもうひとつの柱がお灸です。40代半ばを過ぎた頃から季節の変わり目ごとに風邪を引くようになり、体力や免疫力の急降下を感じるようになりました。『せんねん灸ショールーム銀座』に出かけたのは、そんな時期。店頭でやり方を教えてもらうと、改善したい症状に効くツボに火をつけたお灸をのせるだけと、意外に簡単。温めるケアは冷え性の私にも合っているような気がして、さっそくお灸生活を始めることにしました。

効果を実感したのは、お灸が切れてしまい3カ月ほどお休みしたとき。「最

＜いいとこどりの3つのツボを狙いうち＞

リラックスタイムは
お灸とYouTube
合谷 ごうこく
肩コリ
風邪の引きはじめ
など万能
太衝 たいしょう
ホルモンバランス
を整える
頭痛にも
足三里 あしさんり
免疫力、胃腸、
むくみなど
一度に1〜2カ所、左右同時にお灸をすえる

近疲れやすいな、お灸をしていないからかも」と、体調の違いに気がつきました。それ以来、毎日続けていると、「元気が持つ体」になりました。

お灸で大事なのはツボ選びです。最初の頃は、あちこち試してみましたが、全身に無数にあるツボをその都度調べるのも大変。そこで肩コリ、免疫力アップ、ホルモンバランスを整えるなど、50代の私の不調にピッタリのツボ、合谷、足三里、太衝を選びました。この三カ所はどれも、イスに座ったままの体制でセルフでお灸ができる場所にあります。

お灸タイムは、寝る前のリラックスしているとき。イスに座ってお気に入りのＹｏｕＴｕｂｅを見たり本を読んだり、お灸のじんわりした温かさを感じながらゆっくり過ごしています。

消臭・調湿は竹炭に変えて無理なくエコな暮らし

築30年の家なので、臭いや湿気が気になる場所があります。引っ越してすぐは、市販の除湿剤や消臭剤を使っていましたが、家が広くなった分だけ、交換時のプラゴミの量も一気に増えてびっくり。もう少しエコな方法がないかと思い、竹炭（孟宗竹）を使ってみることにしました。竹炭は消臭と、湿気が多いときは水分を吸収し、乾燥しているときには吸収した水分を放出して調湿もしてくれるといいます。試しにネットの専門店から竹炭2kgを取り寄せました。分量は広げてみたら新聞紙2枚分くらい。押し入れ上下、半間ほどのクローゼット、トイレ、可燃ゴミの上、洗面所に設置。下駄箱には100円ショップの竹炭を買い足しました。置いてから数日間は、毎日臭いをチェック。一番気がかりだったクローゼットは、1週間程でかなり気にならなくなりました。

竹炭の消臭、除湿の期限について専門店で聞いてみたところ、埃が詰まると効果が薄まるので、水洗いをして埃を取って乾燥させれば繰り返し使えるそう。消臭の効果は半年、調湿の効果は半永久的とのこと。使用済みの竹炭は、土壌改良剤としてガーデニングの土に混ぜて使えるので、無駄なく使い切れます。植物がたくさんあるわが家にピッタリな小さなエコです。

〈竹炭を家じゅうに配置〉

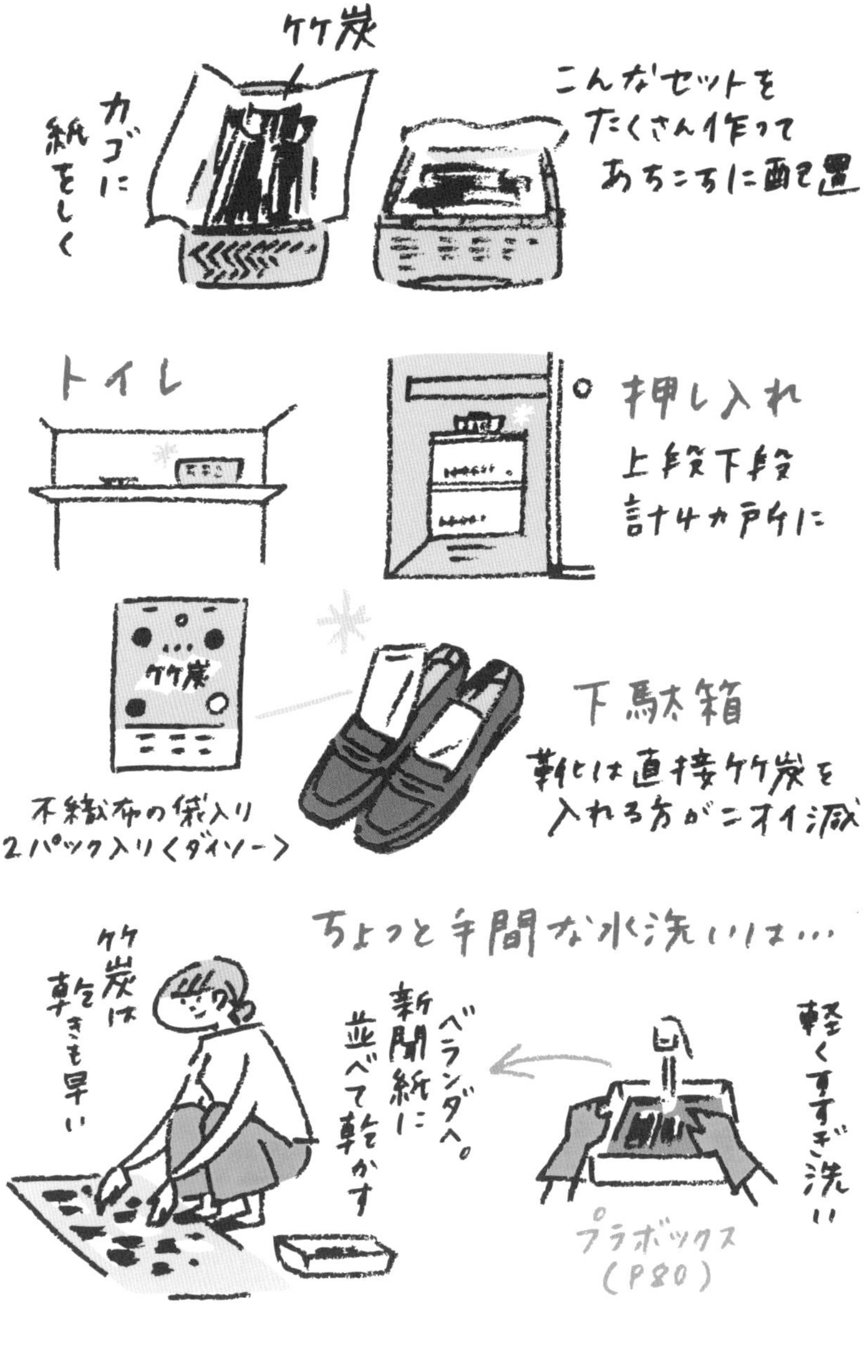
竹炭
カゴに紙をしく
こんなセットをたくさん作ってあちこちに配置
トイレ
押し入れ
上段下段計4カ所に
竹炭
不織布の袋入り
2パック入り〈ダイソー〉
下駄箱
靴には直接竹炭を入れる方がニオイ減
ちょっと手間な水洗いは…
竹炭は乾きも早い
ベランダへ。新聞紙に並べて乾かす
軽くすすぎ洗い
プラボックス
（P80）

非常時に備える おいしいローリングストック法

独身ひとり暮らしの女性3人の食事会で、「いざというときのために備蓄は必要」という話題になりました。私以外の2人は慎重派で、1週間以上はひとりでサバイブできる備蓄をしているそう。2人から教えてもらったのはローリングストックという備蓄法。乾パンのような保存食ではなく、乾物や缶詰、インスタント麺、レトルト食品などをストックして、普段から使いながら買い足していきます。賞味期限を気にしなくてもいいし、非常時にいつもと同じものが食べられる安心感もあるとか。

引っ越し時に、わが家の備蓄品を取り出してみたら、ことごとく賞味期限切れに。レトルト食品などを試しに買って食べ比べてみると、今までは積極的に買う習慣がなかったこれらの商品が、どれもおいしい進化を遂げていました。これなら普段の生活に取り入れられるかもと、ローリングストック法を実践。特に乾燥野菜とサバ水煮缶は使い勝手も良く、切らさなくなりました。

また、備蓄用の水は、1日1人3ℓが目安だと言われているので、ケース買いをして3～5日分。以前は2ℓボトルにしていましたが、賞味期限が近くなったときに使いづらかったので、今は500㎖サイズに。外出用の水として、水筒マグと併用し、使いながら買い足すことにしました。

\出番が多い/

<お気に入り保存食>

おいしいものを選んで
日常使いしやすくする

乾燥野菜 九州産大根葉

おみそ汁、
インスタントラーメン
カップスープ…便利!

ほうれん草、青ネギもストック

サバ水煮缶

食べくらべて気に入った
メーカーのものをストックの定番に

\もう一品欲しいときによく作る/

オリーブオイルを
ひとたらし

和室のチェスト下段を
ストック用に空けました

かさばるものはここへ

\なんにでもちょい足し/

玉ネギは切らしません

オニオンスライスは
一年中食べてます

小さな工夫で快適になる「買って良かった」、「なくしてスッキリ」したもの

買い物に行くと、便利なものがたくさんあります。見るとつい欲しくなりますが、値段にかかわらず「使うかも」「役立つかも」という理由で買うことはありません。今より快適になるもの、○○専用ではなく多用途で使えるもの、デザインや色も好きであること。こんな商品ならば、私にとって〝買い〟です。

最近の「買って良かった」ものは、洗面所につけた無印良品のLEDセンサーライト。夜トイレに起きたとき、洗面所をほんのり明るくしてくれます。電気をつけると明るすぎるけど、暗いと不便。ちょっとしたことですが快適に。日中に明かりが届きにくい場所にもおすすめです。IKEAのカーテンフックは、冷蔵庫の調味料、納戸の掃除道具など、家じゅうの吊るす収納に使っています。こんな風に「別用途で使えないか?」と考えているときやアイデアがひらめいたときは、地味に楽しかったりします。

一方で、「なくしてスッキリ」したものもあります。例えば、スリッパ。以前はフローリング＝スリッパと思っていました。でも、時間がたつと汚れてくるし、収納にも場所をとる……。思い切ってなくしてみたら、夏は裸足、冬は厚地の靴下で問題なし。足が汚れないように、毎日モップがけをするようになったのもこれがきっかけです。軽くストレスだったスリッパ問題がなくなって、心もスッキリしました。

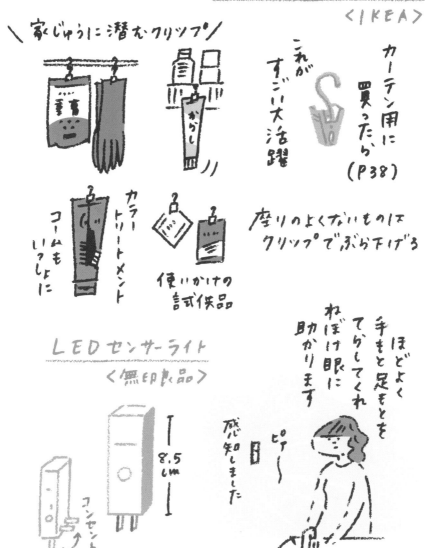

〈あってよかった〉

カーテンフック クリップ付き

〈IKEA〉

カーテン用に買ったら（P38）

これがすごい大活躍

＼家じゅうに潜むクリップ／

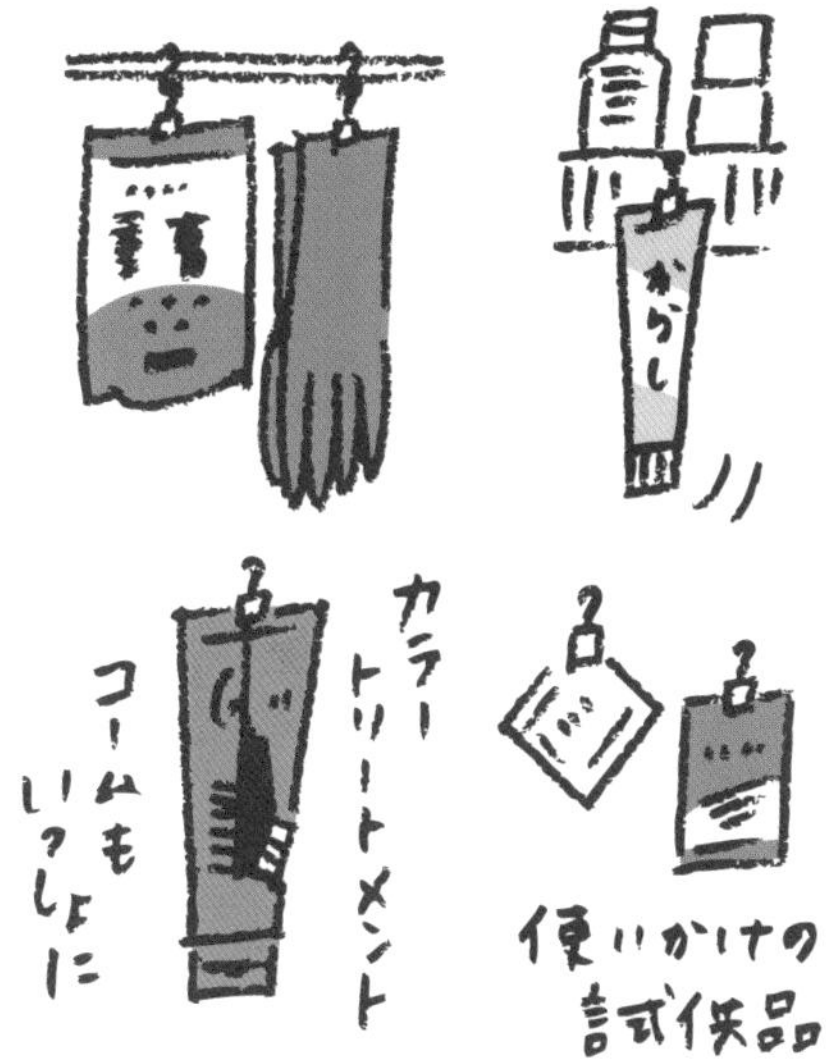
からし
コームもいっしょに
カラートリートメント
使いかけの試供品

座りのよくないものはクリップでぶら下げる

LEDセンサーライト

〈無印良品〉

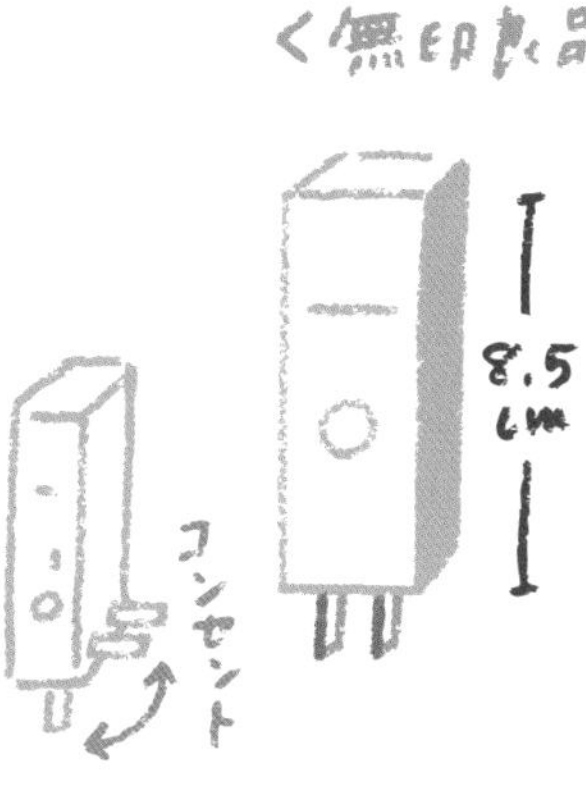
8.5cm
コンセント

ほどよく手もと足もとをてらしてくれねぼけ眼に助かります

ピア〜
感知しました

〈あってよかった〉

気持ちいい〜
くるり

スパチュラミニ

〈ブランシェ・アソシエ〉

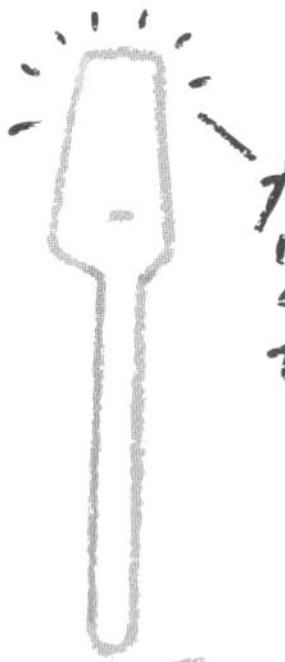
長さ15cm

シリコンのしなり部分がないので

どんな曲線にもすきまなくフィット！きれいにすくえる

白雪備長炭入りふきん

白雪ふきん

3枚をローテーションで使ってます

丈夫
吸収よし
汚れがつきにくい
臭いにくい
乾きやすい
グレーカラーがおしゃれ〜

四角いプラボックス

〈チャンドゥ〉

おしゃれ着の手洗いやつけ置きには四角がいい

竹炭(P74)も
これで洗う

たたんだニットがジャスト！

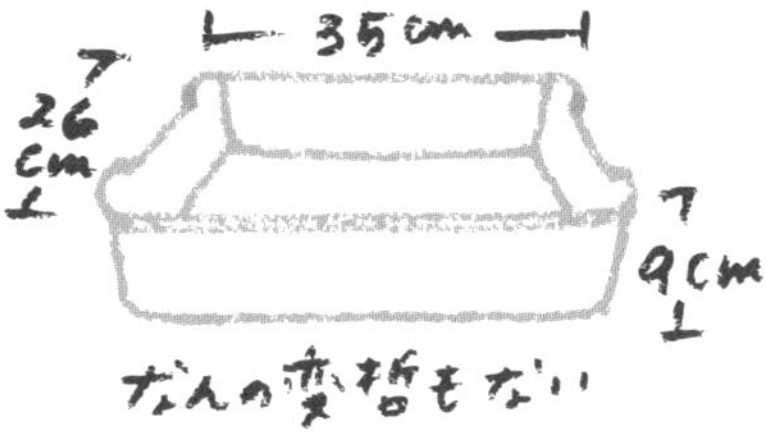
35cm
26cm
9cm

なんの変哲もない

<なくしてスッキリ>

スリッパ

以前はお客様用もそれなりの数を揃えてました

頻繁に使わないのになかなかスペースを取る

＼なくしてスッキリ／

ダイエットスリッパの時代もあり

キッチンマット

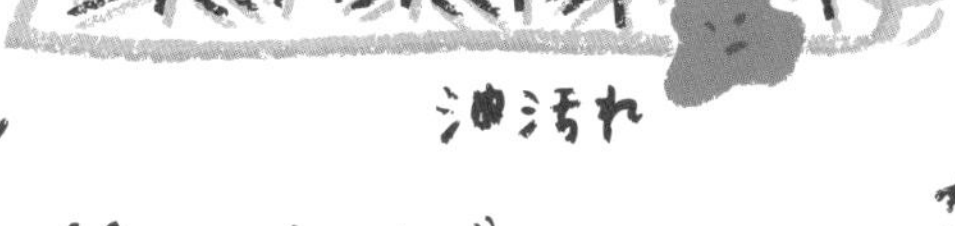

汚れは拭けばいい

＼複合的な汚れ／

徐々にキレイが保ちにくくなる存在

／なくしてスッキリー＼

モップをかけやすくなった

食器棚には、骨董の器や旅先で見つけた器などを見せる収納。眺めているだけでも幸せ。日本のものの他、台湾、香港など多国籍です。

最近は、調味料もシンプルになり、塩の出番が増えました。和食には日本の藻塩、洋食にはイタリアの岩塩を使い分け。メルカリで買ったアンティークの小壺は、サイズや口の広さが塩壺として使いやすい。

元気がないときは、肉のおかずを食べます。最近の注目は、脂肪を燃焼させるL-カルニチンが入っているラム肉。ニンニクとたっぷりのクミンをかけて焼き、火を止めて余熱でオニオンスライスをあえます。

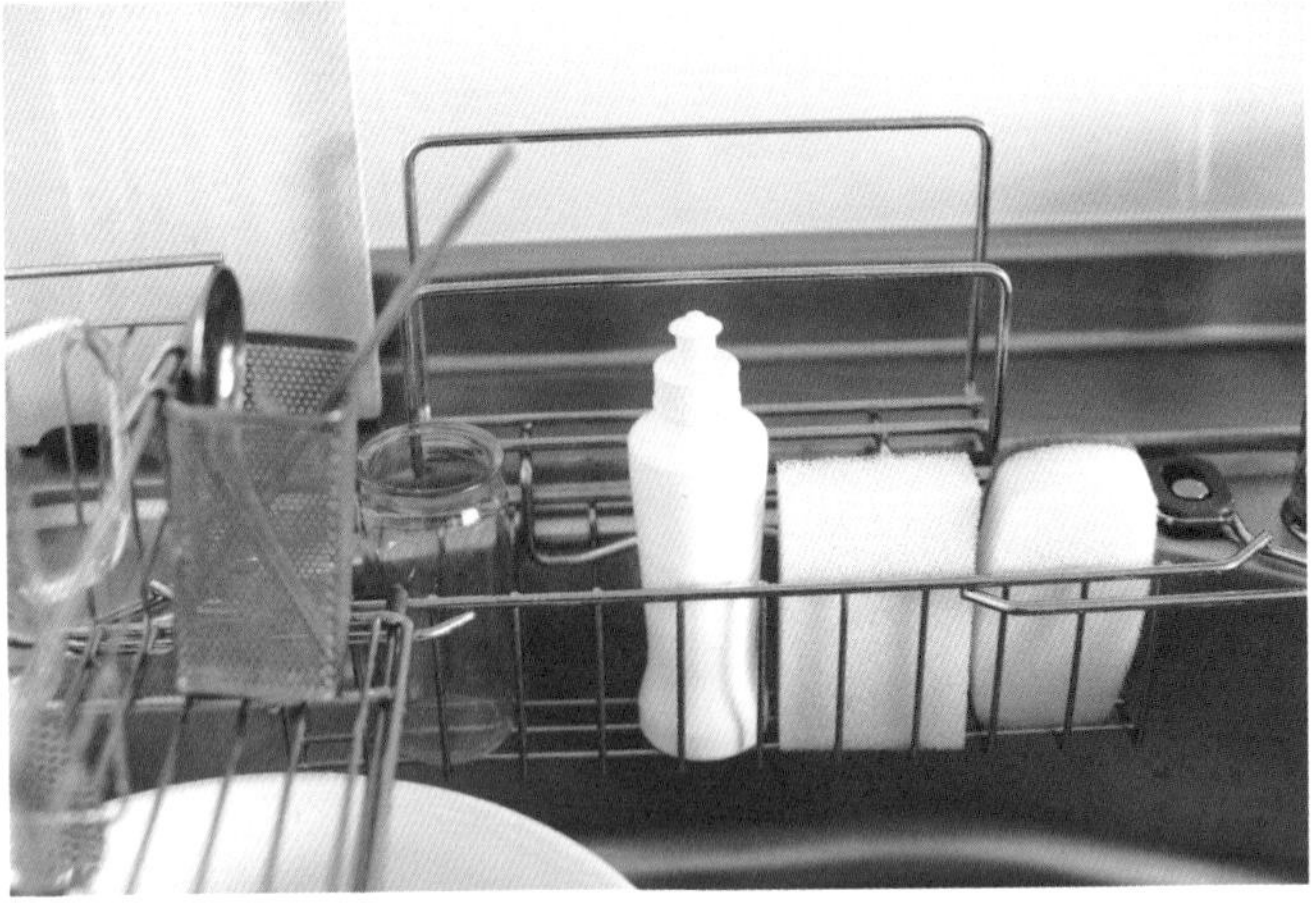

キッチンのシンクは色が氾濫しないように、食器用洗剤のボトルのラベルをはがして。スポンジはセリアで購入。色、形、硬さ、水切れ、値段と、お気に入り度はパーフェクト。リピートしています。

洗面台の排水栓は、使っていないときは邪魔になります。壁に透明の吸盤フックを貼り、そこに引っかけました。小さいことですが、毎日のストレスが減ると気持ちがラクに。

洗面所につけた無印良品のLEDセンサーライトは、夜、トイレに起きたとき、ほんのりと明るくなって便利。洗濯機上の棚は、タオルをブックエンドで立てて見せる収納に。

毎朝、お茶用の湯を沸かしている間に床掃除をします。億劫なときもありますが、掃除後の気持ち良さが好きなので習慣に。掃除後は、気持ちのスイッチも入ります。

上／茶葉、コーヒー、フィルターなどの、お茶グッズはインドネシアのアタのカゴにまとめて入れます。中のものもカゴもお気に入りなので、眺めているだけでもワクワクします。
下／お茶グッズのカゴは持ち手がついているので、移動しやすい。普段は無印良品のラックが定位置で、使うときだけダイニングテーブルに。アタのカゴは中身を変えて長年愛用中です。

急須は「東京蚤の市」で見つけたデッドストック品。持ち手が壊れてしまったので、ネットで探した金属作家さんに特注で真ちゅう製を依頼し、つけ替えました。こんな手間も楽しい。

ヤフオクで見つけた古道具のお盆。そば猪口は古伊万里。染付の小皿は友人の旅土産で、オランダのヴィンテージ。時代も国もバラバラですが、気持ち良くなじんでいます。

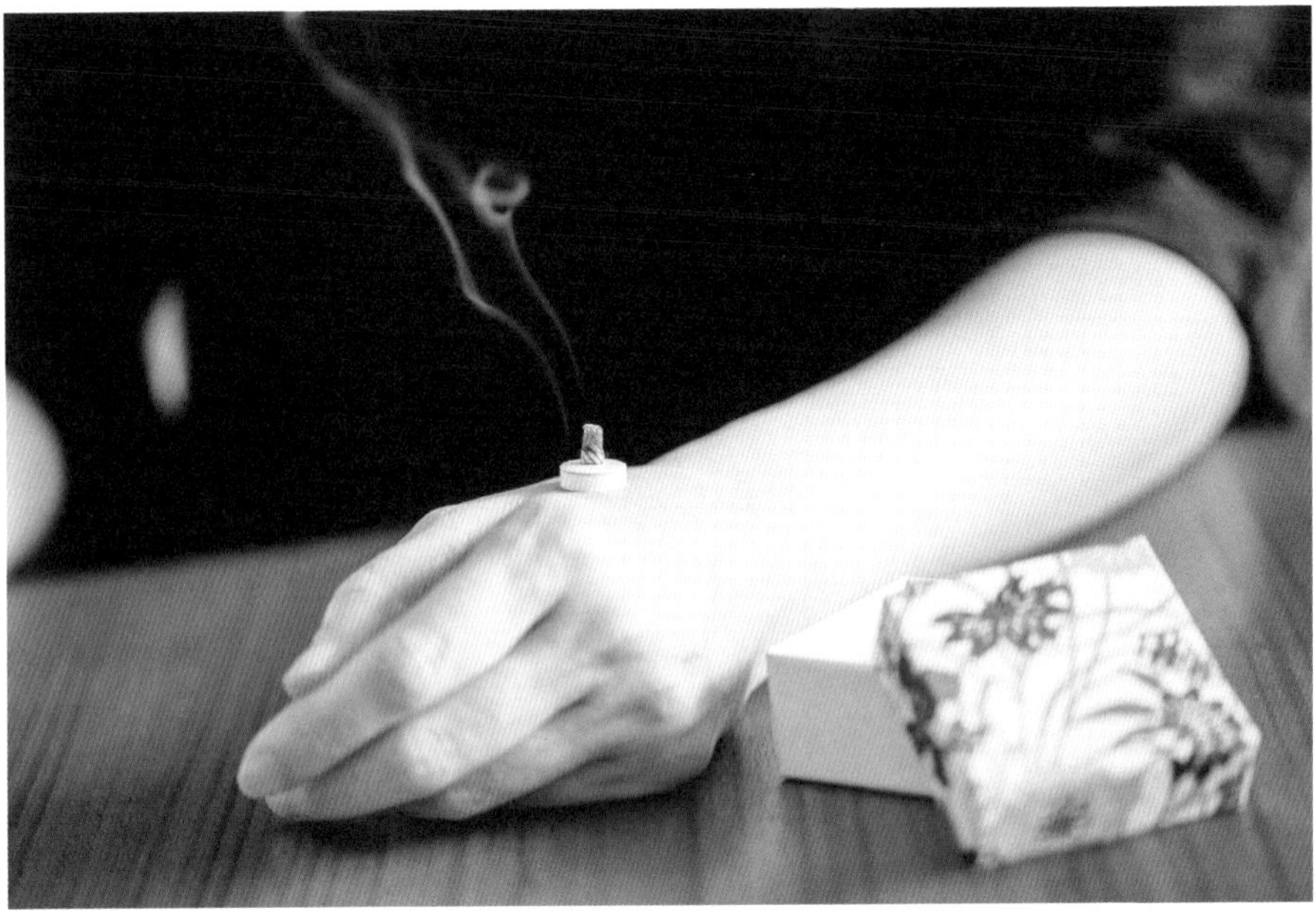

肩コリや風邪の引き始めに効果的なツボ、「合谷」のお灸をすえます。ほんのり温かくなり、リラックス。お灸は小分けにして小箱に入れ、いつでもできるようにしています。

フランス式アロマテラピーの精油は、「ドクターヴァルネ」のものを正規販売店からネットで購入しています。ブレンドしたものは遮光瓶に入れて。UVカット、更年期、筋肉痛、ウィルスブロックなど一年じゅう活用しています。

3

健康とお金

長続きしなかった運動。一歩踏み出してみたら……

バレエ、ヨガ、ジョギング……運動を習慣にしたいと思いながら、長続きしたことが一度もありませんでした。それがふとしたきっかけで始めた空手が、もう5年続いています。気持ちがふさぎがちだった45歳の頃、友達に体を動かすことをすすめられ、メールで送ってもらったラジオ体操の動画に合わせて動いてみると、少し気分が晴れて、体もスッと軽くなりました。気持ちを切り替えるきっかけになると直感し、翌日、高校時代に部活動でやっていた空手の体験稽古に参加し入会を即決しました。

その後、週1〜2回の稽古を続けていくと、いつの間にか鬱々とした気持ちが解消。稽古中は空手に集中し、日常からスパッと離れられます。体を動かした後はモヤが晴れたようにスッキリ。最初の頃は運動が目的で、空手の上達には積極的ではありませんでしたが、徐々に「思うように動けたら楽しそう」「試合に出たらどんな結果に?」と、向上心が芽生えていきました。今だに上達は緩やかですが、頑張った分だけ小さな「できた!」が増え、自分の中に大人の伸び代を見つけられたことに密かに感動しています。年を重ねると、新しい環境に飛び込むことに億劫になりがちです。だから、あのとき、思い切って一歩踏み出して良かったと、改めて思います。空手は、やっと出会えた「楽しくてたまらない」もののひとつになりました。

〈気質に合ったものが楽しいにつながりやすい？〉

ちょっとかじった
バレエ

愛らしいポーズが照れる

ピンクのタイツ、レオタードがソワソワする
空手
私の場合バレエより空手がしっくり
道着を着るとヨシッと思う
帯を締めるとアガる

続けるために
億劫にならない工夫も
稽古の日は
かなり早めに用意を完了
時間になったら
行くだけ！に
ハイ仕事終わり～行ってきまーす

運動によって体に起こったうれしい変化

空手を始めた頃の私は、体力もなく、季節の変わり目に必ず風邪を引いていました。腹筋は1回もできず、稽古中に自分の体を支えきれなくて転ぶこともありました。変化を感じるようになったのは、空手を続けて3年目。体力がついたのか、日常生活でも以前より疲れにくくなり、風邪を引きにくくなって、治りも早くなりました。そして、一番変わったのは太りにくくなったこと。40代に入ってからは食べた分だけ太り、なかなか痩せにくくなっていましたが、今は体重を気にせず好きなものを食べて飲むことができます。これ以上の幸せはありません！

更なる変化は4年目のある日、一度もできなかった腹筋がスイスイとできるように。ストイックに鍛えていたわけでも、筋肉がつきやすい体質でもないのに、塵も積もれば筋肉に！　一連の体の変化は、腰を落とし下半身に負荷がかかる空手のおかげで、自然にほどよく筋肉がついたためだと思います。とはいえ、微々たる筋肉貯金が尽きるスピードは早く、少し稽古を休むとあっという間に筋力は落ち、太りやすくなります。稽古に通えないときは、姿勢良く早足で歩いたり、家の中でつま先立ち歩きをしたり、筋力キープにはもの足りませんが、日常で体を動かすように意識しています。50代で筋肉の大切さに気づいたので、これからも続けて行くつもりです。

〈筋肉のためにちょこちょこやってること〉

すきあらばスクワット

床から物を持ち上げるときとか

腰の上げ下ろしをゆっくりと

家の中をつま先立ち歩きで移動

すきあらば歩く

・駅まで、スーパーまで、
できるだけ
"歩き"を選ぶ

・姿勢よく
目線は前
歩幅大きめに

そり腰になりやすいので
骨盤を立てるようにしてまーす

家計管理は家計簿から。貯蓄アップを目指す

家計簿が導いてくれたこと
引っ越しをひらめく
家賃大きく下げよう!
家計簿をスタート
家計簿アプリ Zaim《ザイム》を利用
レシート、領収書は専用のボックスへ。溜まると滅入るのでこまめにつける

苦手意識が強かった家計管理にもキチンと向き合おうと、50歳を前に一念発起。先送りにしてきた老後の貯蓄を増やすために、まずは家計簿をつけ始めました。いくつかの家計簿アプリを試してみて、操作がシンプルで使いやすいものを選択。数カ月つけ続けると、「1カ月の生活費」が見えてきました。今まではざっくりしか管理していませんでしたが、毎月の収支をしっかり把握し、この金額があれば暮らしていけるとわかったら、お金の不安がかなり減りました。

そして、家計簿を1年ほど続けていくうちに、支出の中でも金額が大きい

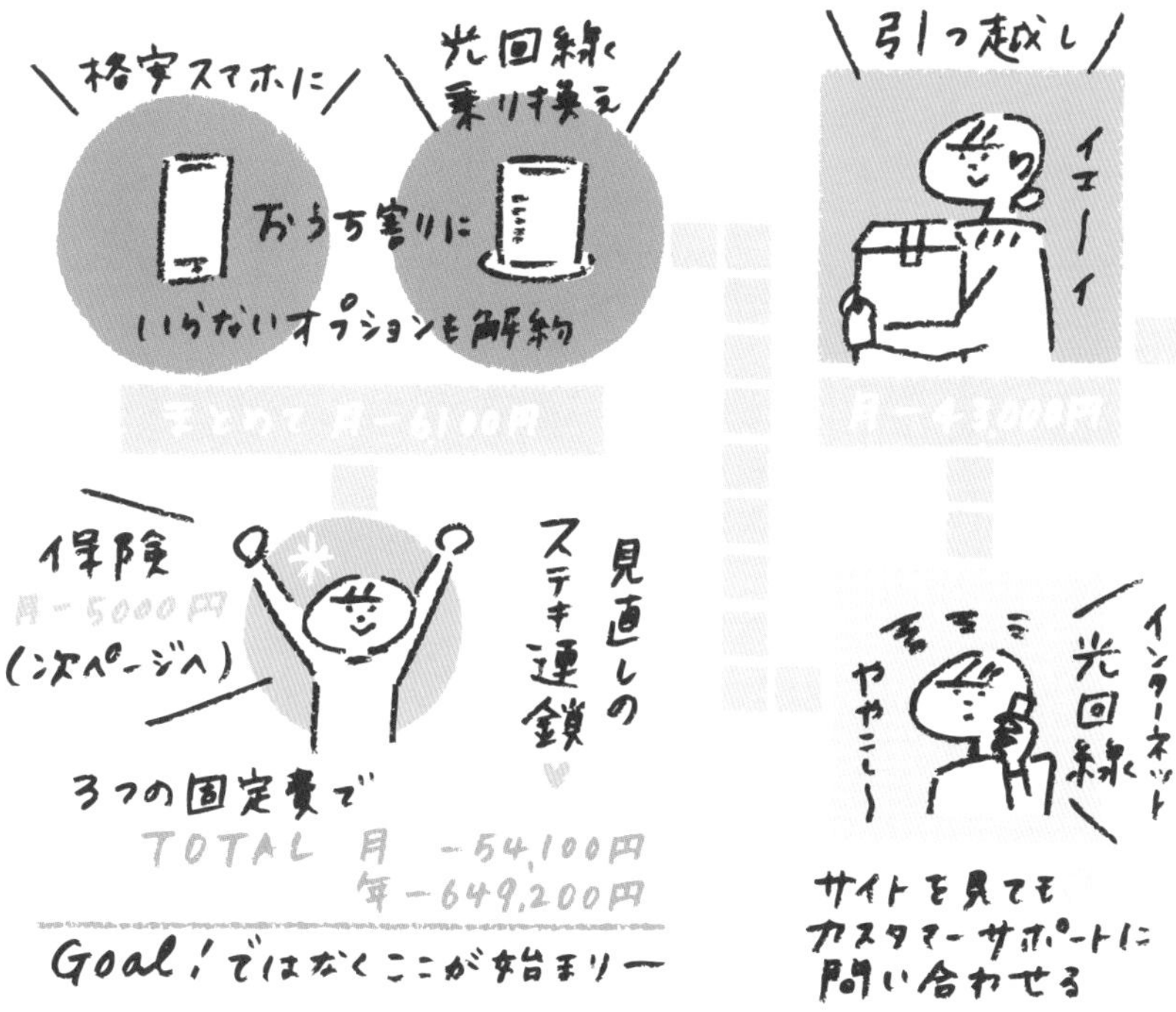
格安スマホに
光回線乗り換え
おうち割りに
いらないオプションも解約
まとめて 月ー6100円
引っ越し
イェーイ
保険
月ー5000円
(次ページへ)
見直しのステキ連鎖
3つの固定費で
TOTAL 月 ー54,100円
年ー649,200円
Goal!ではなくここが始まりー
インターネット
光回線
ややこしー
サイトを見ても
カスタマーサポートに
問い合わせる

固定費を抑えて、その分を貯蓄に回そうと思いつきました。まずは、住居費。今回の引っ越しで大幅に支出を減らすことができました。次は、習慣で払っていた通信費の見直しです。インターネットと固定電話用の光回線は会社を乗り換え、携帯電話も同じ会社の格安スマホにしました。通信関係のプランが複雑すぎて迷いましたが、電話で根気よく質問をして、どうにかクリア。月6100円減、年間にすると7万3200円の削減に成功しました！

日々の買い物などでこまごま切り詰めるよりも、固定費の見直しは大きな家計改革になります。これは、家計簿をつけたからこそわかったこと。老後に向けた貯蓄額アップが、少しずつ見えてきました。

50代からの保険は自分で組み立てる

固定費の見直しは、続きがあります。次は、見直す余地がかなりありそうな医療保険とがん保険です。今の保険は、6年前に再婚をせずひとりでやっていこうと決めたときに入ったもの。将来の不安から、保険料の予算を約1万円にし、なるべく手厚くカバーできるものにしました。でも、ここ数年で私の保険に対する考えは変化。大きな病気になったときは健康保険の高額療養費制度があるので、民間の保険は必要最低限で充分。保険料を減額した分は貯蓄に回したほうがひとり暮らしの私には、病気以外に使えるので心強いはず。そして、見直しポイントを整理しました。

・保険料を減額。掛け捨てでも納得できる金額にする。目標は半額に。
・がんと診断されたら受け取れる診断給付金（何に使ってもよい）を優先にする。両親ともがん経験者なので、最小限の安心感は残したい。

6年前と同様に、複数の保険を比較しながら相談できる「ほけんの窓口」を利用しました。前回と違うのは、自分なりの見直し案を持って相談できたこと。結果、新たな保険に入り直すよりも、現保険の内容を見直せば理想の形になり、保険料も月マイナス5千円に。漠然とした不安に保険料を払い続けるのではなく、目的を持って見直したことで今の私が納得できる内容になりました。

〈2つの保険をシンプルに〉

メインはがん保険の診断給付金

何にお金が必要か、使いたいか
そのときにならないとわからない!

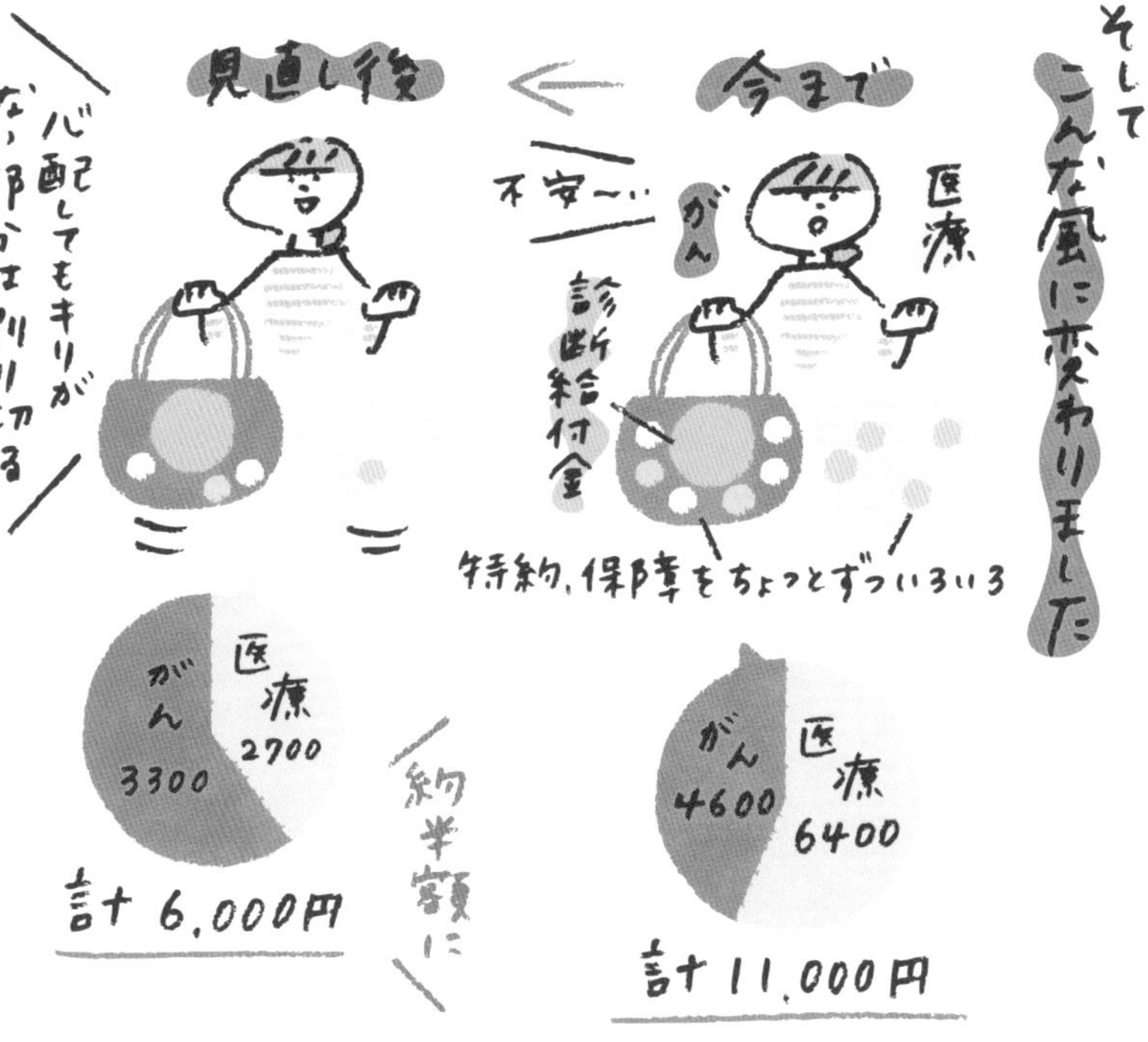
心配してもキリがない部分は割り切る

老後に備えて目的別に貯蓄を始める

家計簿で「月々の生活費」をクリアにし、固定費の支出を減らしたら、次は目的別の貯蓄を考えます。ずっと続けている定期預金は老後資金に。この定期預金を守るために、今までなかった特別出費用の貯蓄も始めました。病気や帰省、冠婚葬祭など、急な出費に備えます。月収にばらつきがあるので無理のない定額を決めて、余裕のある月は多めに貯蓄することにしました。苦手なお金まわりのことを、一度に始めると目が回りそうですが、これを機にネット証券の口座を開設し、月3000円の投資信託もスタート。ローリスクローリターンの投資から始めて勉強し、将来的にはもう一歩進めたらという目論見です。そして最後は、小規模企業共済（個人事業主などのための退職金）にも加入しました。

一方で、貯蓄を頑張るためにも、日々の楽しみや人づき合い、経験のためにはお金は惜しまずに使うつもりです。今、友達と計画しているのは「ヨーロッパへの骨董買いつけの旅」。2年後を目指して、交通費や滞在費、買いつけに必要な金額などを貯めたいと思っています。帰国後はイベントを企画したり、旅行記のイラストを描いたり……。ワクワクする目標があると、やりくりも楽しいものになってきました。

家計簿 → 固定費見直し → 楽しみながら老後の貯蓄スタート
定期預金
3000円投資信託
小規模企業共済
定期には触りません～
骨董買いつけの旅
特別出費用貯蓄
国民年金

お得感に惑わされない中古品の購入のコツ

中古品という響きに抵抗がある方もいるかもしれませんが、掘り出し物やお宝に出会えるおもしろさがあるので、「使いよう」だと思っています。後悔しないコツは、中古品には定価がないので、価値を自分で決めること。安いから、人気だから、ブランド品だから、などの外的基準には惑わされないで。例えば、26ページで紹介したヴィンテージのダイニングテーブルは、ヤフオクで落札しました。「これを買うことで家全体が心地よくなるはず」と価値を見出すことができたら、見合う値段を考えていきます。つまり、自分なりの査定のようなもの。元々の値段、中古品としての相場、テーブルに出せる金額、これらを併せて考えたものがダイニングテーブルの予算です。ヤフオクのように、入札で金額が上がっていく場合は、予算以上の入札はしません。途中で予算を超えたら、潔く見送ります。競り上がるのにつられて予想外に高い金額で落札してしまうと、モヤモヤして後味が良くないのです。今回は予算6万円でしたが、運よく3万9千500円で落札できました。

畳リビングのヴィンテージのキャビネットは、ふらりと立ち寄ったリサイクルショップで1万5千円で購入。その場で自分査定をした結果、「これは買うべき！」と即決でした。中古品は自分で価値と価格を決める、これが後悔しない買い方です。

私のヤフオク道
ダイニングテーブル落札ルポ

商品が決定

大きさ、テイスト
コンディション◎

⇓

予算を決める

こちら

自分なりに査定…

6万円を超えたら
潔く見送り!

入札締切りまで 毎日チェック

疑問は問い合わせよう

これ傷かなア?

「本当にこれでいいの?」
自分の気持ちも確認

⇓

いざ入札

締切り間際

入札する

人気の商品は競りより
時間延長もされるので
早い時間は入札しません

⇓

落札しました!

39500円でゲッツ

30人の入札あり

送料別ね

ヤフオクとメルカリで気持ち良くものを循環させる

大切にしていたものでも、暮らし方や価値観が変わると不用品になります。おそらく今後は手に取ることはないけれど、ゴミとして捨てるには忍びない……。だから、必要な人に役立ててもらいたいと思い、ヤフオクやメルカリを利用するようになりました。出品時はできるだけ早く売れるような、値段設定にします。買った値段がそれなりだったりすると、つい欲張りたくもなりますが、「自分ならこの値段で買えたらうれしい」という低めの金額に。引越し前に、10年もののコートを2着メルカリに出品しました。どちらもかなりお安くしたら即完売。買ってくれた方からは「雪片づけのときに着ます。ありがとうございました」とメッセージが届き、北国で第二の人生を送るコートを想像したらうれしくなりました。その後メルカリで、欲しいと思っていたコートが新品、定価の半額で出品されていたのを発見。貯まっていた売上金で購入しました。

私の不用品が必要な人に届き喜ばれ、誰かの不用品が私にとってラッキーな買い物になり、わが家のクローゼットはコート2枚分のスペースが空いてスッキリ。出品の手間、梱包などが面倒に感じることもありますが、ものを捨てるよりはずっと後味がいい。みんなのニーズが満たされる、いい循環だなと思います。

〈わが家はこんな風に巡ってます〉

新品を㋱で買ったらイメージが違って
㋱に出品
ペンダントライト
和室のスタンドライトはリサイクルショップで
今年シェードを交換して25年目
ヴィンテージのケトル
ひとりには大きすぎて
㋳で購入
㋳で出品
ノルウェイのもの
新品〜♪
狙ってたプランテーションのコートを㋱で購入
古伊万里の
小さな紅皿
㋳で購入
ヤフオク→㋳　メルカリ→㋱

＜もっと不用品を循環させる＞

無料広告掲示板
ジモティー
大きすぎて処分に困った本棚を載せてみた
掲載した条件
・無料です
・車で引き取りに来られる方
すぐに問い合わせが十数件も！
翌日には引き渡し
……スピーディ……！
感じのいい母娘さんにもらわれてよかった〜

本で寄付する
チャリボン
charibon
不用になった本を送ってみた
寄付先は自分で選ぶ
NPO
NGO
ルール通りに本を送る
VALUE BOOKS

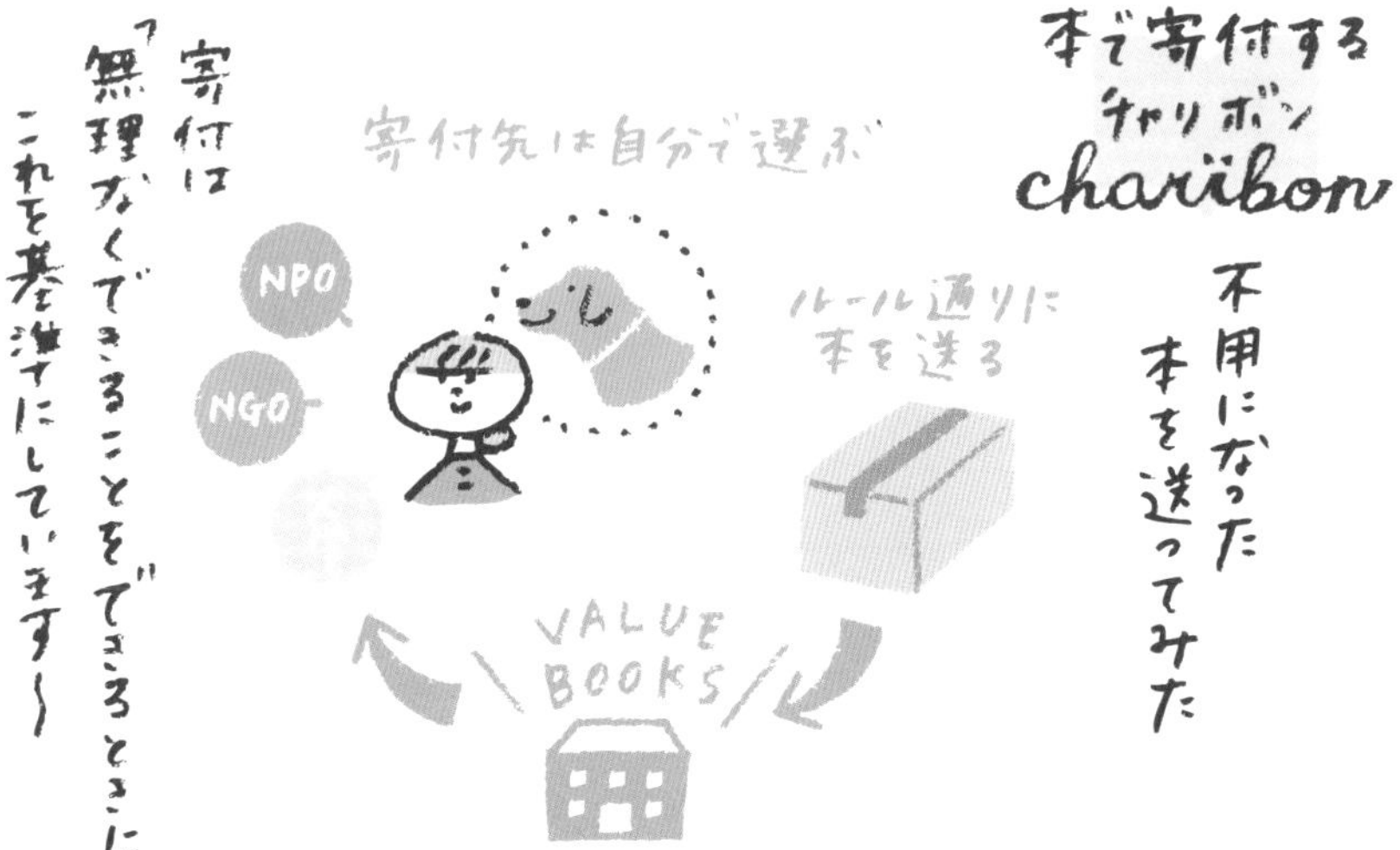
買い取り額をそのまま寄付する

寄付は「無理なくできることをできるときに」これを基準にしています〜

4

おしゃれと美容

脱「おばさん顔」のためにスキンケアを根本から見直す

〈ずっと続けてきたW洗顔をやめた〉
しっとりと変わってきたかも一 キメも変化
肌の変化を観察し続ける
浮気しても結局ここに戻る
使い始めて5年目
フランキンセンス フェイシャルウオッシュ〈ニールズヤード レメディーズ〉
いろいろなミルクタイプの洗顔料を試して比べる

30代の頃は、コスメや美容法をリポートしたイラストエッセイを出版するなど、自らビューティーマニアを名乗るほど美容に熱中していました。40代に入ると、自分の肌に合うものがわかるようになり、美容熱は一旦下がり気味に。

それが、40代半ばに入ると美容熱が再燃！　更年期の影響か、「ガックン！」と音が聞こえるように肌の状態が急降下しました。乾燥、たるみ、シミ、シワなどあらゆる不調が一気に進行し「おばさん顔」に大きく踏み込んだ感じに。スキンケアに手を抜いていたわけではなかったのですが、やはり

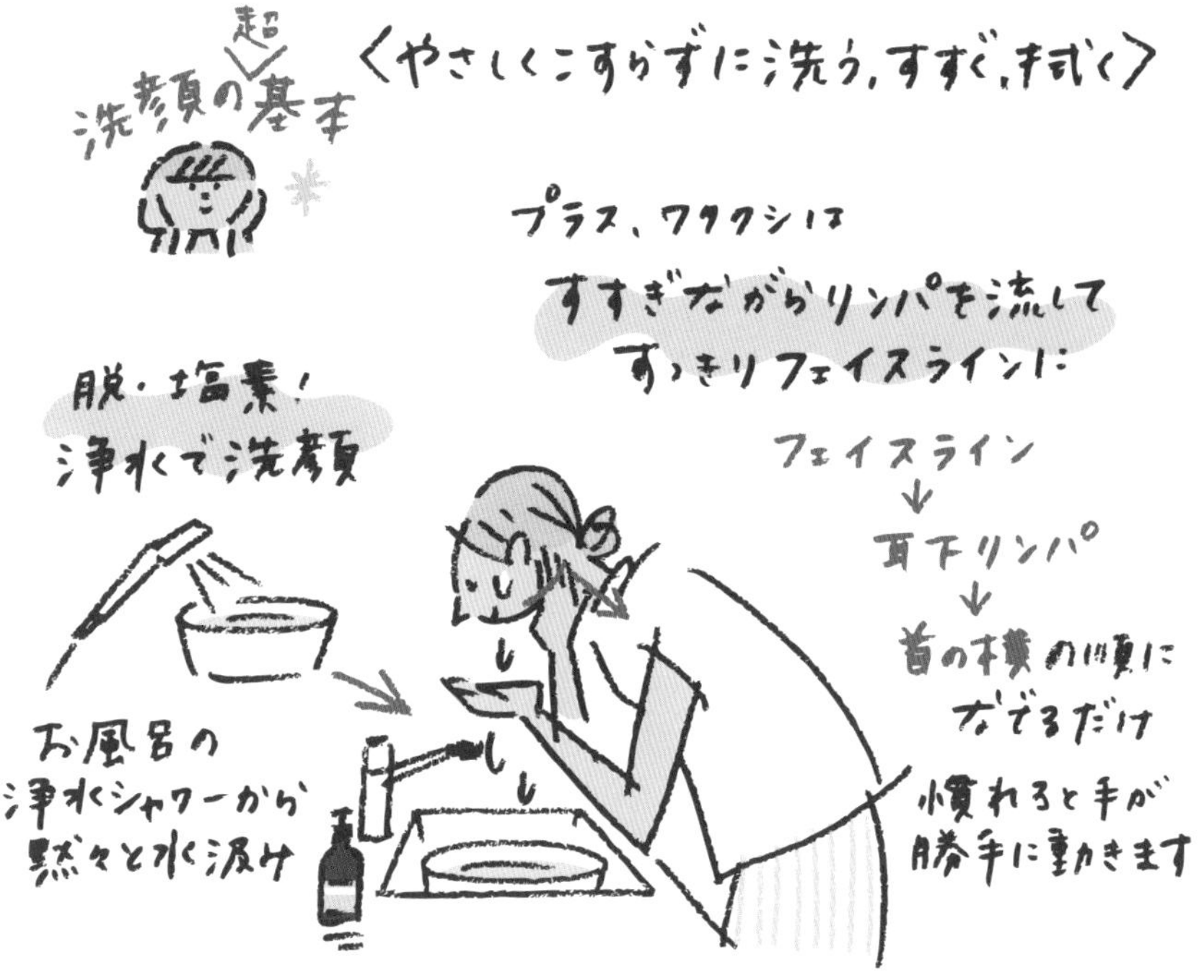
洗顔の超基本
<やさしくこすらずに洗う、すすぐ、拭く>
プラス、ワタクシは
すすぎながらリンパを流して
すっきりフェイスラインに
脱・塩素！
浄水で洗顔
フェイスライン
↓
耳下リンパ
↓
首の横の順に
なでるだけ
お風呂の
浄水シャワーから
黙々と水汲み
慣れると手が
勝手に動きます

年齢には勝てません。

以前なら、エイジング系の高級美容液でガツンと巻き返す、そんな選択をしていましたが、今までと同じやり方では太刀打ちができないほどの肌の変化に、スキンケアを根本的に見直そうと思いました。

まずは、長年の習慣だったクレンジングと洗顔料を使うダブル洗顔は、肌の潤いを奪う一因だと考えてやめることに。そのために、メイク用品はクレンジングを使わずに、洗顔料だけで落とせるミネラルコスメ（エトヴォスやＭＩＭＣなど）に変更しました。そして、洗顔料は油分を取りすぎないミルクタイプを選び、潤いをキープできるように。これらをコツコツ続けるうちに乾燥は落ち着き、肌に柔らかさとツヤが戻ってきました。

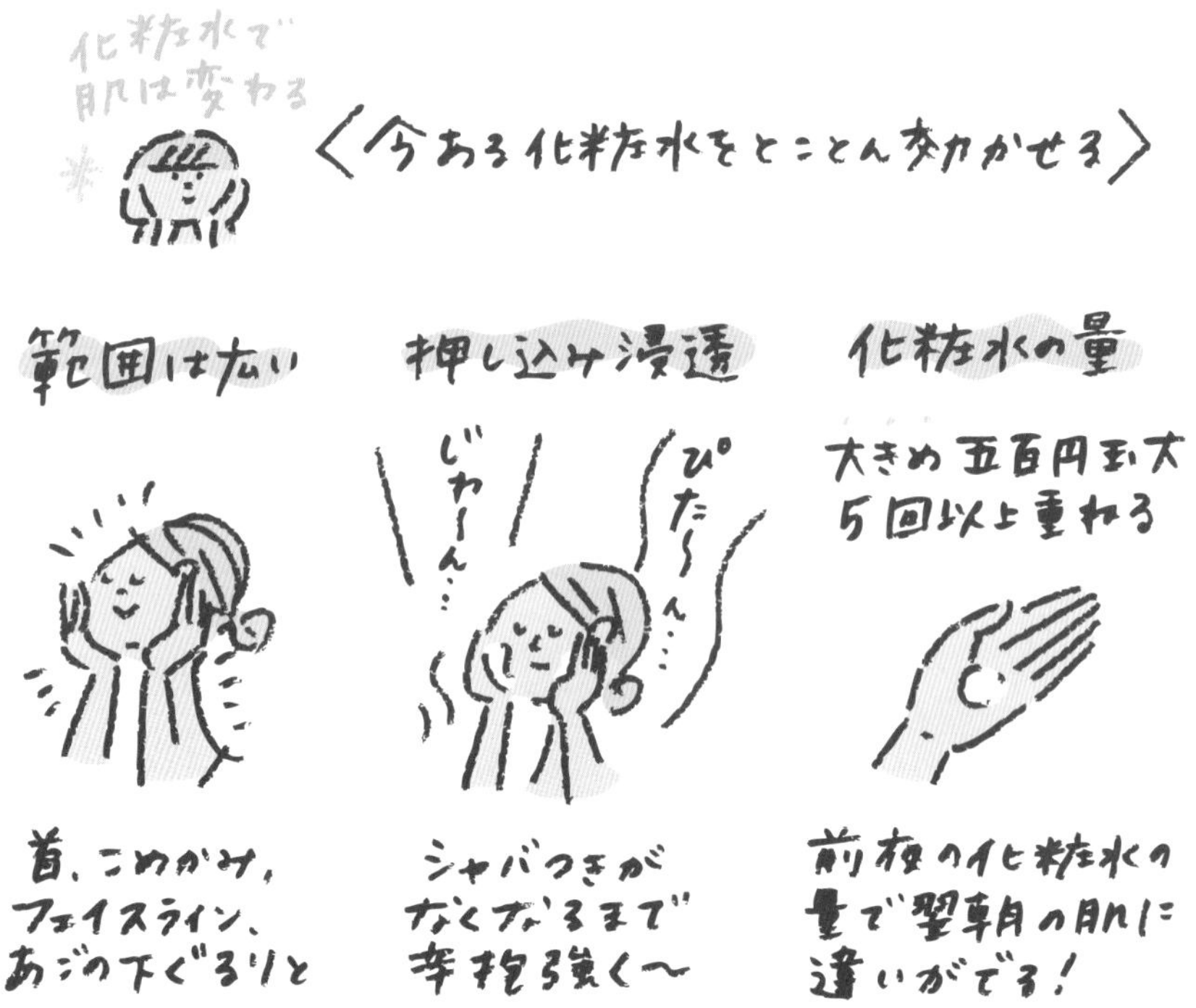
化粧水で肌は変わる
〈今ある化粧水をとことん効かせる〉
範囲は広い
押し込み浸透
化粧水の量
じわ〜ん…
ぴた〜ん…
大きめ五百円玉大
5回以上重ねる
首、こめかみ、
フェイスライン、
あごの下ぐるりと
シャバつきが
なくなるまで
辛抱強く〜
前夜の化粧水の
量で翌朝の肌に
違いがでる!

次は化粧水の使い方の見直しです。肌トラブルの多くは保湿をていねいにすると軽減できると、仕事で美容家の方に教えてもらったことがあり、それを実践。ポイントは、化粧水の量と浸透のさせ方とつける範囲です。化粧水は以前から使っていたもの（1本三千円くらい）で大丈夫。

まず、化粧水を五百円玉大くらいの量を手に取り、こすったり強くパッティングせず、手で顔に押し込むように、ゆっくり浸透させます。つける範囲は、首も含めて顔全体のできるだけ広めです。それを5回ほど繰り返し、肌がもっちりしたら浸透完了のサイン。指先の感覚で肌の状態を確認できるので、私はコットンではなく手を使います。この後、肌の状態に合わせて、乳液にクリームかオイルを塗ります。

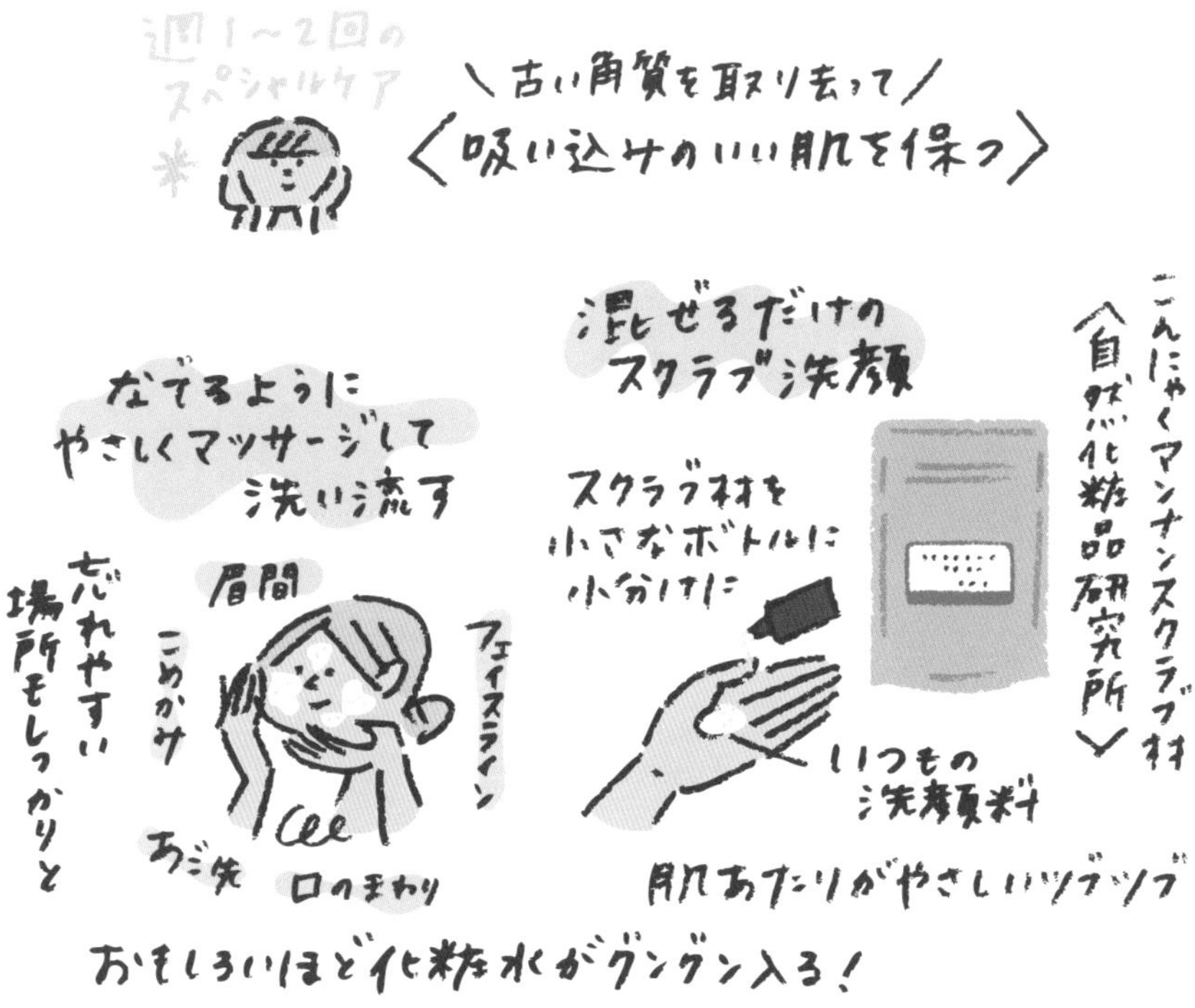
週1〜2回のスペシャルケア
\古い角質を取り去って/
〈吸い込みのいい肌を保つ〉
混ぜるだけのスクラブ洗顔
こんにゃくマンナンスクラブ材〈自然化粧品研究所〉
なでるように
やさしくマッサージして
洗い流す
スクラブ材を
小さなボトルに
小分けに
忘れやすい場所もしっかりと
眉間
こめかみ
フェイスライン
あご先
口のまわり
いつもの洗顔料
肌あたりがやさしいツブツブ
おもしろいほど化粧水がグングン入る！

さらに、週1~2回の角質ケアも欠かせません。肌のターンオーバー（生まれ変わり）は年齢とともに長くなり、40代では55日、50代では75日と言われています。よく耳にする「28日周期」は20代のこと！　年齢を重ねた肌は古い角質が残ったまま、化粧品の浸透を妨げたり顔色をくすませるので、取り去るケアが必要です。

　スクラブ、ゴマージュ、ピーリングなど角質ケアをいろいろ試してきましたが、最近はネットで購入したスクラブ材を使っています。洗顔料に混ぜるだけなので手軽なのと、肌当たりがやさしいところが気に入っています。スクラブ洗顔後の肌の明るさや手触り、化粧水の吸い込みの良さは最高。スキンケアの根本を見直したら、肌の調子がかなり改善されました。

今すぐ若返る簡単リフトアップマッサージ

昔からずっと続けているのは、肌の老廃物を流すリフトアップマッサージです。このマッサージのいいところは手軽な上に、すぐにフェイスラインがスッキリ変わるところ。水彩画の教室を主宰している友達から「オンライン教室で、モニターに映った自分の顔が思っていたよりも下がっていてびっくり！　リフトアップのやり方を教えて」と連絡が。そこで、急遽、オンラインマッサージ教室を開催しました。モニター越しにレクチャーすること10分。友達のフェイスラインがスッキリ、目はもちろん、パーツ全体がアップして、その変化に友人のテンションもアップ！　友達はその後も半年以上毎日続けて、スッキリをキープできているそうです。

ポイントは、クリームやオイルなどを顔にたっぷり塗って指の滑りをよくすること。強く押さずに、やさしく滑らせるだけで十分です。私は朝の洗顔後のお手入れのとき、仕上げのクリームを塗るついでに、ササっとマッサージしています。ミリ単位のたるみやもたつきがなくなるだけで、グッと若々しい印象に。美容整形のように消したり直したりはできないけれど、自然な美しさは自分で維持できます。表情まで生き生きと変わった友達を見て、そう思いました。

〈リフトアップマッサージ教室〉
フェイス用クリームかオイルを使います
準備体操
鎖骨上のくぼみをプッシュ
老廃物の流れをよくしておく
ほうれい線ヤッツホー
ここをあてる
ほうれい線に垂直に圧をかける
目まわりを流す
こめかみを押さえて
薬指で流す
2 1
3 4
小鼻の横、口角、あごの下の順で流す（全部耳下リンパに向かって）
ここをあてる
ほお骨の下を通る
耳下リンパ
耳下リンパから鎖骨リンパへ流す
おしまい
そうそう！
1〜3の気になる箇所だけでも◎

全身のカサカサ対策は保湿のタイミングが大切

年齢を重ねるごとに、手、爪、足、眼など全身の水分が目減りしていくのを感じます。全身のカサカサ対策はタイミングが大切だと考え、早め早めの保湿を心がけています。特にハンドクリームは、食器洗いや手洗いの後はもちろん、手を乾燥させないよう、こまめに1日何度も塗ります。引っ越しで部屋数が増えたら、塗りたいときに目の前にないというプチ不便が発生したので、全ての部屋に、ハンドクリームとリップクリーム、目薬を一式にした「うるおい補給セット」を常備。これがなかなかいい感じです。

そして急激に全身の水分が奪われるお風呂上がりも、やはり保湿は早めに。浴室を出たら何よりも先に乳液かオイルを顔全体に伸ばして、取り急ぎの保湿をします。まずは顔の水分蒸発を防いでから、ボディケア（108ページのスキンケアはボディケアの後）に取りかかります。ボディケアのポイントは、バスタオルで体を拭く前の水分が残っている状態で保湿すること。濃厚で少量でも十分保湿してくれる「DHC薬用ハンドクリーム」を全身に塗ります。水分のおかげでスルスルと全身に伸び、あっという間に肌が潤います。乾燥してかゆみが出やすい体質でしたが、この方法にしてから症状がおさまりました。

〈保湿のための工夫〉

JUST NOW!

一日中

カゴや箱にうるおい補給セットを入れて各部屋に

みずみずしくて浸透がバツグンにいいスチームクリーム〈ソノタス〉

全身に使える

ハンドクリームは小さいジャーに小分けに

JUST NOW!

お風呂上がり

①乳液かオイルを顔に伸ばす

②体が濡れているうちにクリームを伸ばす

顔、体をすぐに保湿。保湿アイテムはバスマットから手に届く場所に配置

ベーシック服のおしゃれ①
スカーフとストール

洋服の好みは年齢によって変わってきましたが、今はベーシックなデザインや色のものをよく着ています。好きなものは、シンプルで形がきれいなニットやカットソー、ワイドパンツ。そして、色は黒、ネイビー、グレー、ベージュ、白です。ところが、年齢とともに肌や髪のツヤがなくなってきたら、ベーシックなデザインや色の洋服だと地味に見えるという事態が発生。そこで、明るく見せたい顔まわりは、個性的なヴィンテージのスカーフをアクセサリー感覚でプラスします。スカーフは黒やネイビーをベースに少し明るい色が入ったものを選べば、柄が個性的でも洋服から浮かずに、自然になじみます。ストールもよく使うアイテムですが、こちらは洋服の一部と考えるので色はベーシックにして、ボリュームに注目。大判で使いにくかったウールのストールはカットして大小2枚にし、アウターに合わせて使い分けを。首に巻くだけで立体感が出て、顔まわりが地味に見えません。最近、薄地のカシミアのストールを新調しましたが、ウールとは違う軽やかな立体感を出してくれます。

スカーフやストールは、海外のサイトのｅｂａｙ（世界最大級のオークションサイト）やＥｔｓｙ（ハンドメイドものが充実）で購入することが多いです。日本では見つけにくい珍しい柄や色合わせのものが、リーズナブルな価格で見つかります。

ベーシックカラー服に
〈ヴィンテージスカーフのアクセント〉
自分に似合う巻き方を探そう〜
ぐるぐる
小さめスカーフでコンパクトに
チョン
結び目の位置でも印象が変わる
ヴィンテージディオールのシルクスカーフ 30ドルくらい〈ebay〉
〈ストールはボリュームで使い分ける〉
シンプルコートに8を。普通っぽいスタイルもこなれた印象に
かなり大判
8
2
2枚にカットしたらエース級の活躍!
ボリュームコートには2で軽やかに

ベーシック服のおしゃれ②
ピアスとブローチ

スカーフやストールと同様、ベーシック服でも顔まわりが華やかに見えるように、ピアスとブローチを活用しています。コレクションしていたときもありますが、今はピアスが3つ、ブローチが4つ。本当に好きなものだけを手元に残しました。ピアスにはそれぞれ役割があって、インパクトが欲しいときは天然石の大ぶりのもの、華やかさが欲しいときはゴールドの揺れるもの、洋服のカジュアルさを抑えたいときはパールのものというように、使い分けています。以前は4つありましたが、一番気に入っていたピアスを紛失。でも、焦って買わずに、気に入ったものをじっくり探す楽しみを味わっています。

ブローチは40代でデビューしたアイテムです。ヤフオクでヴィンテージ小物を見ているうちに、キラキラしたブローチにも目がいくようになりました。最初は、フォルムの美しさに惹かれて購入。実際につけてみると、洋服の印象をガラリと変えてくれるブローチパワーに魅せられました。持っているのは全てヴィンテージ品で、パールがついた存在感があるもの、何にでも合うゴールドのリーフのもの、ブルーのお花、小さめのゴールドのりんごと、デザインはさまざま。どれも小さいのに個性的でアクセントになるので、その日の気分に合わせて自由に選んでいます。

〈ピアスとブローチでシンプル服が見違える〉

小さなパールは万能
ボーダーにパール
シンプル服にインパクトピアス
ドーン
華やか担当
15年ずっとあきない
〈ココシュニック〉
なくしてしまったときは
泣いた〜
〈メデルジュエリー〉
天然石（ジャスパー）の
大ぶりピアス
〈HIROKU〉
ブローチの位置は
襟ぐりの形、空きの
バランスを見て決める
ブローチが主役の日のピアスはシンプルにパールが多め
ヴィンテージの
ブローチ
ひとつで個性が
バーンと出る
のみの市で
友人の
イタリア土産
アメリカヴィンテージ
楽しい〜
〈Tri Fari〉

仕事も家事もはかどるワンマイルウェア

家で過ごすときの洋服をもう少し快適にしたいと、常々思ってきました。これまでは一軍のおしゃれ着から二軍落ちしたものが家用でしたが、気分はいつも微妙。この家に引っ越してから、暮らしにメリハリをつけたいと思い、仕事や家事も気持ち良くこなせ、部屋着ほどゆるくなく、近所に買い物に行ける洋服を考えました。いわゆる「限りなく一軍寄りの服」のワンマイルウェア。その基準は、着心地と肌触りが良く、肉感を拾わずリラックス感があるデザインとサイズのもの。春夏のトップスは、ゆとりがあるのにスッキリ見える無印良品の定番Tシャツ。秋冬のトップスは、もうワンシーズン一軍おしゃれ着にできるカシミアのニット。カシミアは毛玉ができにくいので、長くきれいに着られます。ボトムスは季節を問わず、麻や綿など素材違いのワイドパンツにしました。ゆとりがあるので、寒くなったらレギンスを重ねて調整でき、ゆらりと揺れる裾が女性らしさを演出してくれます。

洋服を変えただけで、何気なく鏡に映った自分を見たときに気分がいい。宅急便の受け取りにサッと出られる。お向かいの奥さまと玄関先でばったり会っても恥ずかしくない。仕事も家事も以前よりはかどるようになりました。1日のメリハリがつき、かなり気持ち良く過ごせています。

＼大人のワンマイルウェア／
〈ワイドパンツを主軸に季節で展開させる〉

Summer

真夏以外は
カーディガンで調整

白、黒、グレー
M→外用 L→家用
好きすぎて毎年買い足して
ユニフォームと化す

上／ムラ糸天竺編み
フレンチスリーブTシャツ
〈無印良品〉
下／リネンのワイドパンツ

Tシャツとニット
共通点は
腰まわりの肉感を
拾わないところ

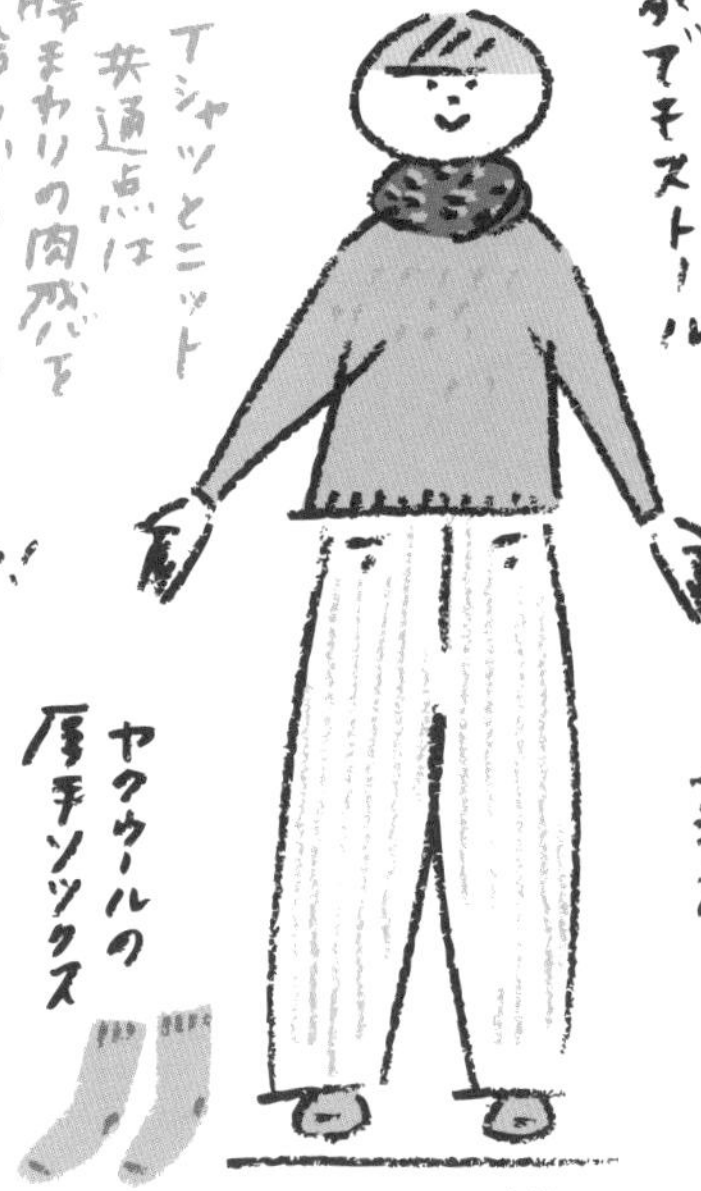
寒い日は
真冬はダウンベストを
プラス

Winter

早めに家用にしたら気分よい！
家用なので、ネットに入れて
洗濯機洗い

上／カシミアニット
下／コットンのワイドパンツ
（インナーに上下ヒートテック）

白髪染めは傷まない カラートリートメントに

白髪用カラートリートメントは
〈コームと小皿使いがオススメ〉
伸ばす
塗る
分ける
（ブロッキング）
ブロッキング（小分け）しながら塗る
トリートメントを小皿にとる
均一に塗れる、手が汚れない
肌につかない、いいことだらけ

30代半ばから、2カ月に1回美容院で白髪染めをしていましたが、抜け毛や髪の傷みが気になっていました。グレイヘアも想像しましたが、今はまだ、しばらく先送りにしたい。そこで、美容院での白髪染めはやめて、今まで、家で並行して使ってきた白髪用カラートリートメントで乗り切ることに。しっかり染まるのは市販の薬剤入りの白髪染めですが、髪への負担が心配なので選択肢にはありませんでした。カラートリートメントなら、髪や頭皮を傷めずにシャンプーのついでに手軽に染められます。ただ、色もちを考えるとこまめにする必要があります。

＜浄水シャワーヘッドを取り入れてみる＞

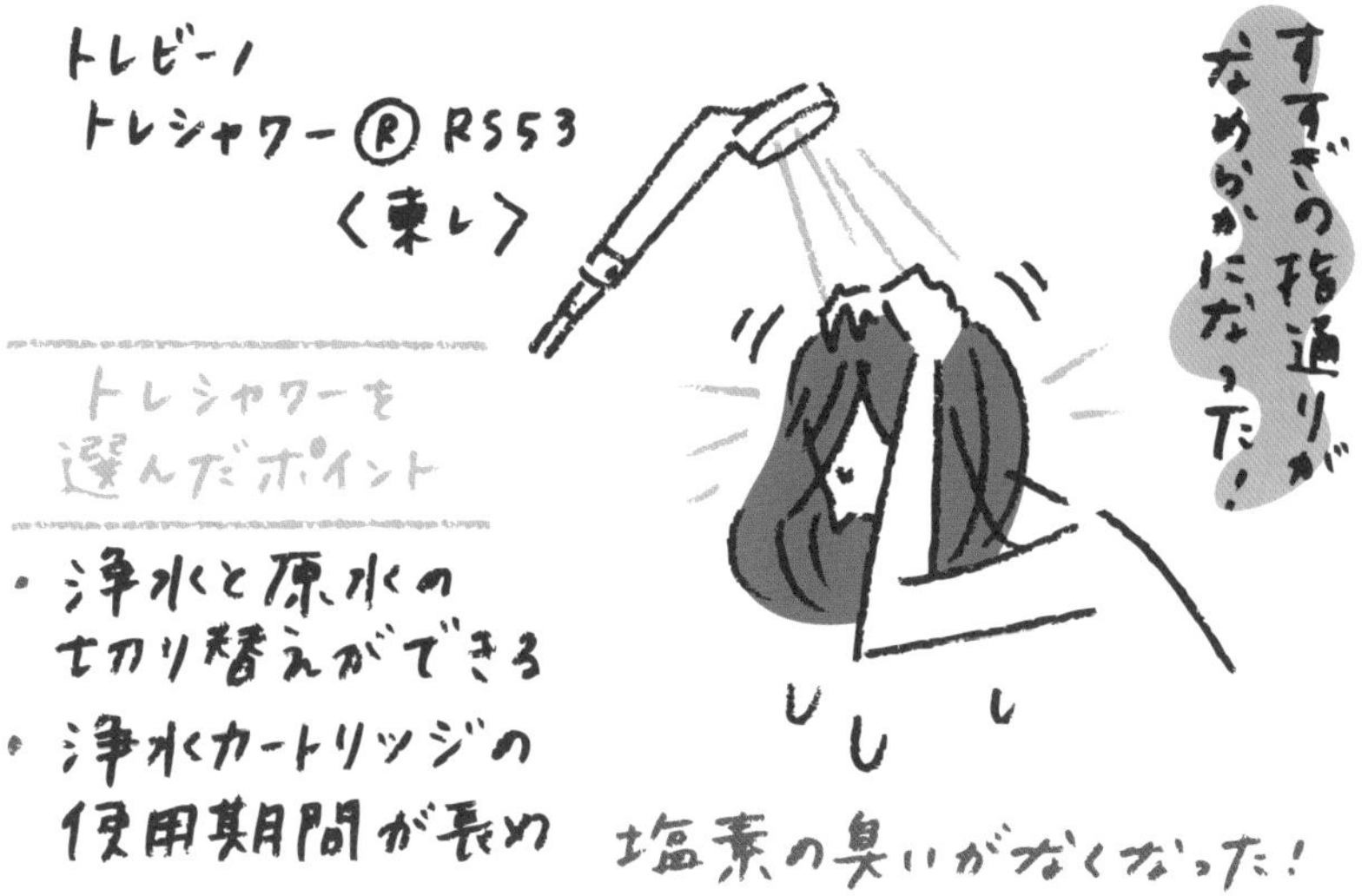
トレビーノ
トレシャワー® RS53
〈東レ〉
トレシャワーを
選んだポイント
・浄水と原水の
切り替えができる
・浄水カートリッジの
使用期間が長め
すすぎの指通りが
なめらかになった！
塩素の臭いがなくなった！

ずっと使ってきたのは「DHCQ10プレミアムカラートリートメント」です。私は、小皿に1回分のトリートメントを出して、別売りのコームで塗ります。このほうが手も汚れず、ムラになりません。そして、今まで省いていた、説明書にある「濡れた髪の毛の水分をタオルで拭いてから塗る」を実践。このひと手間で、今までで一番しっかり染まりました。

家での白髪染めを模索していたとき、周囲に愛用者が多い花王の「リライズ」や「ヘナ」にもトライ。どちらも髪にはやさしかったのですが、色や使い勝手が合いませんでした。やっぱり、カラートリートメントに戻り、週1回全体に塗り、白髪が目立ちやすい部分はこまめに追加することに。抜け毛も減り、髪の毛も元気になりました。

ダイニングテーブルには、ハンドクリーム、リップクリーム、目薬の「うるおい補給セット」を常備。気がついたときに、1日何度もハンドクリームを塗ります。乾燥予防はタイミングが大切。

リビングのサイドテーブルの上には、お菓子の缶に入れた「うるおい補給セット」を。きれいなお菓子の缶や箱は小物入れとして活用。時々、入れ物を変えると、気分転換にもなります。

仕事部屋に置いた「うるおい補給セット」。ダイニングテーブルに置いたものと同じアタのカゴですが、こちらはスクエア。ふたつきのカゴは、小物の収納に便利で、インテリアにもなるのでよく利用します。

部屋全体がスッキリ見えるので、テーブルの上になるべくものは置かないようにしています。テッシュボックスは、友達からのプレゼントのBOX&NEEDLEのもの。インテリアのアクセントになります。

寝室の入り口から一番に目に入る場所に、ヴィンテージのチェストを置いて印象的に。浅めの引き出しが細かいものの収納に便利。アクセサリーやスカーフなどをしまっています。

チェストの上段には、トレーに入れたアクセサリーを収納。ピアス、ブローチ、リングは、これで全部です。好きなものだけを残したので、引き出しを開けるたびにワクワク。収納もラクです。

メイク用品は、洗顔料だけで落とせるミネラルコスメに変えました。ダブル洗顔をしなくなったおかげで肌が元気に。メイク用品はポーチに入るだけにし、数は増やしません。

若い頃は、あらゆるヘアスタイルを楽しみました。ここ15年は、まとめ髪が私のトレードマークに。前髪を作り、やや下のほうでラフに結びます。仕事も家事も気分良くこなせます。

仕事部屋にある文房具コーナーもちょっとこだわって。手前のアンティークの小物入れには、クリップが入っています。小さな場所でも植物があると気持ちがなごみ、仕事もはかどります。

5

人と
自分との
向き合い方

寄りかかりすぎない女友達とのおつき合い

女友達の家の鍵を預かって15年が経ちました。きっかけは、当時、近所に住んでいて独身、ひとり暮らしだった友達から「いざというときのために鍵を預かって欲しい」と言われたこと。その頃、私は結婚をしていたので鍵を預けませんでしたが、その後、友達は結婚し私は独身、と状況は逆転。今回の引っ越しを機に、私も友達に鍵を預けることにしました。今後予定している猫との暮らしで不在時のお世話をお願いしたり、他にもいざというときのために。信頼できる人にしか、鍵は預けられません。そんな女友達を持てたことを、ありがたいなと思います。

悲観的に考えすぎないようにしていますが、これからは少しずつ、体調の心配や心細いことが増えてくると想像できます。だから、女友達の存在はますます貴重で大切に。友達の中でも独身だったり、家族がいたりと暮らし方はいろいろなので、頼れる、頼られる部分はそれぞれ少しずつ違ってきます。でも、共通しているのは、どちらかが一方的に寄りかかりすぎないこと。「ひとりで立つこと」が人間関係のベースにあれば、きっと長く気持ち良くつき合っていけるはず。これを心の隅に置きながら、心配事があるときは素直に伝え合い、「いざというときは心配しなくても大丈夫」とお互いに声をかけ合える。そんな、女友達の存在は随分心強いなと思います。

〈この数年で合鍵の出番が増えました〉

入るよー
ニャー

友達の急な不在で、飼い猫の
お世話が必要だったときも
スムーズだった

＼以前のマンションで／
ご近所づき合いしていた同じマンションの
おばあちゃん＆娘さんと鍵を預け合ってました

なにかあったときは
よろしくお願いしますねー

鍵を封筒に入れ
封印して交換
信頼し合いながらも
ルールを決めて

安心感が大きかった〜

気持ちを伝えるおいしい贈り物

気持ちのいいおつき合いのために、贈り物は欠かせません。お礼や感謝、お返し、応援、労いたいときに、もちろん言葉だけでもOKですが、贈り物も添えるとより気持ちが伝えやすくなる。私にとっては、コミュニケーションのツールだと思っています。大げさになりすぎず、贈る理由に見合うものを選んで、笑顔で受け取ってもらえるのが理想です。最近は、食べ物を選ぶことが多くなりました。特に、相手の好みがよくわからないときは、後に残らない「消えもの」は失敗が少ないような気がします。私がよく選ぶもののひとつは、出身地・青森のリンゴジュース。この家に引っ越してきたときのご近所への挨拶も、このジュースにしました。甘いものが苦手な男性からも、意外に好評なのです。おいしいのはもちろん、出身地の話ができるので会話のきっかけにもなります。

相手を思って何を贈ろうかと考えるのも、楽しい時間。相手の好み、家族の人数、住んでいる場所、どんな仕事をしているかなど……まるでプロファイリングのようです。重いものを渡すときは、相手のその後の予定も想像しておくことを忘れずに。

次のページから、私が贈り物としてよく利用している、気楽で相手に喜ばれたものをご紹介します。

MY FAVORITE GIFTS
迷わず選ぶ
私の定番

出身地・
青森のものは
会話のきっかけにも

贈り物の候補に必ずあがるのは、私の出身地の名産品りんごジュース。りんごそのままの濃厚さに、初めて飲む人は驚きます。大人にも子どもにも喜ばれる味です。まとめて取り寄せて、1～2本ずつ差し上げます。

希望の雫¥3,138（1,000ml×6本）／青森県農村工業農業協同組合連合会（JAアオレン）

住んでいる街の銘菓は
パッケージもお気に入り

柳原良平さんのイラストが入った手提げタイプのパッケージがおしゃれで、相手との会話も弾みます。横浜で生まれて約60年、船の形をかたどったマロンケーキ。歴史を知ると、よりおいしく感じます。

ありあけ横濱ハーバー ダブルマロン¥891（5個）／ありあけ

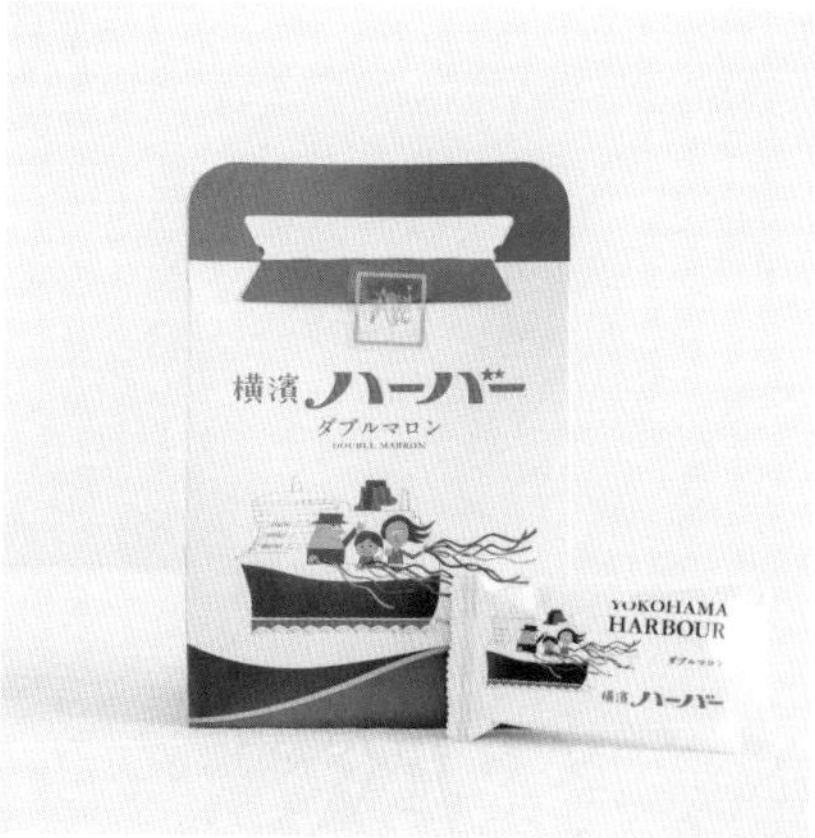

誰に贈っても喜ばれる
チョコレートとナッツのサブレ

友達にもらっておいしかったので、私の定番に。マカダミアナッツとアーモンドをのせたサブレを、チョコレートでコーティング。相手から「おいしかった」と必ず言ってもらえるので、迷ったときはこれを選びます。

マカダミア・ショコラ（ミルク）¥1,037（8枚入り・バッグタイプ）／ヴィタメール

ずっと飲んでいる
ほうじ茶は自信を持って

P69で紹介しましたが、丸八製茶場のほうじ茶はずっと愛飲しています。これは贈り物に使いやすいティーバッグ。缶がかわいいのもポイントです。カフェインに弱くなってきた大人世代に、喜ばれます。

加賀ほうじ茶 梅テトラ¥972（2g×10ケ　缶入）／丸八製茶場

MY FAVORITE GIFTS

体が気になる大人世代に

お疲れ気味の人や
お酒が好きな人へ

熱湯を注ぐだけで、しじみ100個分のオルニチン約51mgが取れるおみそ汁に。疲労回復や二日酔いの緩和に効果があるようですが、何よりも濃厚でおいしいのでおすすめ。何を贈るか迷いがちな男性にも、ぴったりの一品です。

しじみエスプレッソ ¥1,350円（10本入り箱）／美噌元

自然な甘味で
心にも体にもやさしい

以前に住んでいた家の近くのカフェ「せたがや縁側cafe」のもので、今は自分用と贈り物用に時々取り寄せています。国産の原材料、ノンアルコール、砂糖不使用で、おいしくて安心安全。やさしい甘味が、体だけでなく心の健康にもいいようです。

玄米甘酒 楽らく玄米¥1,150（490ml　箱代込み）／せたがや縁側cafe

MY FAVORITE GIFTS

相手に合わせてセレクト

新しいものが好きな方に
ラムレーズン入りどら焼き

パッケージのレトロなかわいらしさと、ラムレーズン入りの珍しさに惹かれました。日を追うごとに皮がしっとりして、ケーキのような食感に。味の変化を楽しめます。新しいものを試したい好奇心旺盛な方におすすめです。

ラムドラ¥1,080（3個・ケース入り）／梅月堂

少し奮発したいとき
おいしいオリーブオイル

お料理好きの方はもちろん、おいしいものが好きな方に好評なのが、有機エクストラバージンのオリーブオイルです。サラダはもちろん、スープ、豆腐、納豆などにかけてもおいしいので、使い方も一言添えて。ホームパーティの手土産にも。

200年の歴史 ブルーナ家の有機栽培エクストラ・バージン・オリーブオイル¥2,376（250ml）／オリーブオイル専門店ヒナタノ

COLUMN

親しい人には
気楽で楽しいプチギフト

お気に入りのお菓子を詰めたプチギフトは、親しい友達や気を使わない仕事仲間に気軽に渡します。少しずついろいろなものが試せるように、3種類くらいをミックス。相手を考えながら、味やパッケージを組み合わせるのも楽しいです。

81歳の母と穏やかに過ごす心がけ

4年前に父を亡くし、実家のある青森では母と弟が暮らしています。母は81歳になりまだ元気とはいえ、地元に残った弟がそばで見てくれるのは安心です。兄と私と弟で話し合ったというより、自然に弟が手をあげてくれました。何かあったときはいつでも駆けつけるつもりですが、今は任せています。

10年ほど前から、お金のことが苦手な私を見兼ねて、母が経理関係を手伝ってくれるようになりました。感謝の気持ちと気兼ねなくお願いできるように、少しお給料を払っています。母にとっても、何か仕事があるのは励みになるかなと考えました。

あまりに身近な存在の母を、今まで、一人の女性として見ることがあまりなかった気がします。それが、経理の仕事を手伝ってもらうことで、母の別の一面を見ることになりました。70歳で一から簿記を覚え、かなり面倒な書類作成を、文句を言わずに気持ち良くやってくれる。私にはできないことなので、改めて、母を「すごいなあ」と尊敬できるようになりました。

長く離れて暮らしているので、母にはできるだけ心配をかけたくないと思っています。今は、できるだけ穏やかなやり取りをして、限られた時間を大切にしたいです。

〈経理担当はスーパー81歳〉

確定申告（青色）も、年々精度を上げて
ここ数年はノーミス、パーフェクト提出！

憧れの猫との暮らしの準備が整いました

猫と暮らしたいと思ったのは、1年ほど前。友達の猫シッターを1週間ほどしたことがきっかけです。ごはんをあげ、水を替え、トイレを掃除し、遊ぶというひと通りのお世話を経験しました。年齢を重ねると、初体験でワクワクするといった出来事は減っていきます。そんなときに、猫シッターの経験は私にとって未知の世界への扉でした。1週間一緒に過ごしただけで、かわいいなとか、困ったなとか、どうすれば喜んでくれるかなとか、猫との時間は今までにはない経験。もちろん、思い通りにならないこともあるかもしれません。でも、こんなふうに、毎日ワクワクできたら、これからの人生の後半戦、豊かになるだろうなと思いました。

それ以降、保護猫サイトを見るようになりました。行き場のないたくさんの猫を見ていたら、せめて1匹でも2匹でも引き取れないかと、さらに猫への思いは強くなる一方。同世代の猫友達から、「猫の寿命は15年くらいだから、年齢的に考えると今から飼い始めたほうがいいよ」との後押しもあって、とうとうペット飼育可の今の家に引っ越し。そして、不在時に猫シッターをしてくれる友達も3人見つかり、いよいよ猫を迎える準備が整いました。

〈猫シッター経験から今に至るまで〉

はじめての猫シッターは4年前

猫との触れ合い方がわからなくてぎこちない感じ

1年前も

猫心がわからなかった私

あれは…「なでて〜」のサインだったらしい！

そして今

子猫二匹を迎え入れたい

猫勉強をしながら
保護猫の里親になるため
ご縁を探しているところ

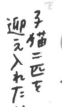

年齢を受け入れて上手に使うとラクになる

〈疲れないおつき合いのために〉
あまり近しくない場合は…
親しい仲なら伝えます
聞こえないふり、またはかぶせます♥
そういえばあの〜
もうおばあちゃん…
運気も下がるよ
「おばちゃんだし」ってやめようよ〜
とか
無視ではありません
過剰反応しないための「スマートスルー」です♥

ひと周りも年齢が変わらない知人に「もうおばあちゃんだから」と言われることがあります。最初は、「お若く見えますよね」と返していましたが、何度も言われると返事に困り、今では聞こえなかったふりをして次の話題にしてしまうことも。その方は実際にお孫さんがいるおばあちゃんですが、若々しくて素敵な人。年をとったことを自分が一番感じているから、人に否定して欲しいのかもしれません。素敵な先輩だと思っているだけに、その部分は少し残念だなと思うのです。

また、私と同じくらいの年齢の女性から「私、おばあちゃんだから」と言わ

〈おばちゃんOK特例あり〉
以前こんなことが
財布にお守りつけてるの？
そうだよー
おばちゃーん！
ウケるー
ワハハハー
近しい 同世代 笑いが通じる 同士なら
“おばちゃん”もコミュニケーションになる

れて、同じように反応に困ったことがありました。言いたい気持ちはわからなくもない。けれど、私は相手が反応に困るような言葉は、使いたくないなと思うのです。女性の年齢に対するこだわりは根深いですが、おばちゃん（おばあちゃん）は使い方を間違えると、発した人を素敵に見せない言葉です。

でも、おばちゃんを図太さととらえて、おばちゃんでいられる良さもあります。言わなきゃいけないことを言うときや、聞こえないふりをするとき。若い頃はそれができず、オロオロしましたが、それで相手に嫌われても今なら平気です。誰でも年をとっておばちゃんに、そしておばあちゃんになるのだから、それを受け入れ、上手に使えるといいなあと思います。

人と比べることをやめたら悩みや落ち込みが8割減に

日常で落ち込むことは少なくなりました。小さなモヤモヤは、出しっぱなしのものを戻してクッションを整え、部屋の細かい「ぐしゃっと感」を一気に整えれば気分爽快に。でも、時々湧き上がる「羨ましい」という感情は、ちょっと厄介です。離婚を経て、再婚もしないと決めた45歳のとき。ひとりで頑張ろうと前向きにスタートを切ったつもりでしたが、周囲の人を羨ましく感じてしまうことがよくありました。結婚している人には「旦那さんに守られていていいな」、新しい仕事にトライしている人には「チャンスに恵まれていいな」など、そんな自分が嫌でますます落ち込みました。

一方でその頃から始めたのは、ひとりで立つために、家を暮らしやすく快適にすること、本当に必要なものだけを残して身軽になること。そして、体を動かすことやお金まわりを見直すこと。目の前の小さなことを淡々とこなしていくと、悩みの原因は、自分が作り出しているのだと気づきました。持っていないものにがっかりするより、自分が持っているものを大切にして生かそう……。人と比べることをやめたら、悩みや落ち込みの8割がなくなりました。とはいえ、今でもつい「いいな〜」と思ってしまうことはあります。でも、以前よりはかなり早く、自分に戻れるようになりました。

〈落ち込みの沼にはまらないために〉

青〜い
となりの芝生は
時々のぞいてしまう
(人間だもの)

ハッ…!
見すぎ…!
でしたー
\でも/
のぞいている自分に
気づいたらやめる。
自分沼にはまりに行かない

ハイ
やーめ
声に出したり
手をたたいて切断する!
音や手の感覚で
スパッと切り替えやすい

おわりに

最後まで読んでくださりありがとうございました。

私は、若い頃から、お気に入りの雑貨を飾ったり
家具をメンテナンスしたり、暮らしを快適にすることが好きでした。
でも、掃除や片づけは、元々得意だったわけではありません。
億劫だなと思いながらも毎日少しずつ続けていたら、
暮らしがより快適になって、自分の家がますます好きになりました。
そして、先を憂えることなく、
自分らしく進もうと思えるようになりました。

100円ショップで便利なブラシを見つけたり、
納戸を無駄なく活用する収納法を編み出したり、
短時間で調理するために自家製調味料を作ったり……。

ひとつひとつは何気ない「小さな工夫」ばかりですが、
毎日積み重ねていくと、私らしい暮らし方が見えてきます。

そんな「小さな工夫」を、この本の中に詰め込みました。
読んでくださった方々の暮らしが、
より快適になるヒントとなったら
このうえなく幸せです。

最後に、この本を制作するにあたりご尽力くださった、
制作チームの皆さまにお礼を申し上げます。

柿崎こうこ

柿崎こうこ

KAKIZAKI KOKO

1970年青森生まれ。セツ・モードセミナー卒業後、
1996年よりイラストレーターとして、
雑誌や書籍、広告媒体など幅広く活動中。
家の整え、日々の食、美容健康など、
暮らしを快適にすることが好き。
築30年の家で、ただ今、
猫を迎え入れるための準備中。

HP www.kakizakikoko.com
インスタグラム @kakizaki_koko

監修

西園寺リリカ(P70)
ビューティエディター&ライター、
アロマテラピーインストラクター

参考図書

西園寺リリカ著
『喘息、肌トラブル、胃腸炎、更年期……
すべてアロマで解決しました!』(講談社)

取材協力

せんねん灸(P72)
https://www.sennenq.co.jp

お問い合わせ先

ドクターヴァルネ(株式会社インターブレイン)
https://chiyokokusakabe.com
青森県農村工業農業協同組合連合会(JAアオレン)
http://www.aoren.or.jp
ありあけ
http://www.ariake-estore.com
ヴィタメール
https://www.wittamer.jp/shopping
丸八製茶場
https://www.kagaboucha.co.jp/web/shopping
美噌元
https://www.misogen-online.com
せたがや縁側cafe
https://www.setagaya-1.com/engawacafe
梅月堂
http://yunomoto-baigetsudou.com
オリーブオイル専門店ヒナタノ
https://hinatano.co.jp

50歳からの
私らしい暮らし方

2021年3月27日　初版第一刷発行
2021年4月15日　　第二刷発行

著　者　柿崎こうこ

発行者　澤井聖一

発行所　株式会社エクスナレッジ
〒106-0032　東京都港区六本木7-2-26
https://www.xknowledge.co.jp/

問い合わせ先
編集 TEL 03-3403-6796
　　FAX 03-3403-0582
　　info@xknowledge.co.jp
販売 TEL 03-3403-1321
　　FAX 03-3403-1829